Kati Breuer

Das Lieder- & Bastelbuch

55 kinderleichte Bastelideen zu Liedern

ED 22511
www.schott-music.com

SCHOTT

Mainz • London • Berlin • Madrid • New York • Paris • Prague • Tokyo • Toronto

Zeichenerklärung

(22)	Musik auf der CD
(PDF)	PDF auf der CD
	Für Bastelanfänger
	Für Bastelprofis
	Tipp

Impressum

Bestellnummer: ED 22511
ISMN: 979-0-001-16033-9
ISBN: 978-3-7957-0966-2

Illustration: Alexa Riemann
Fotos: Lucia Gerbershagen
Umschlag, Layout: Maren Blaschke
Umschlagfotos: MNStudio / Shutterstock.com (Kind), Lucia Gerbershagen
Satz, Notensatz: Marlis Mauersberger
Redaktion: Marlis Mauersberger, Karin Hedderich

www.schott-music.com

Printed in Germany · BSS 57506

Vorwort

Für Kinder im Vor- und Grundschulalter gehören Singen, Bewegen und Musik machen unmittelbar zusammen: Da wird im Takt mit den Füßen gestampft, das Glöckchen während des Gehens geschüttelt oder spontan gemeinsam im Kreis getanzt. Mit viel Freude erleben die Kinder die Musik mit dem ganzen Körper und behalten die Melodien und Texte umso besser, je mehr sie damit auf verschiedene Weise umgegangen sind. In diesem Buch finden Sie deshalb viele Anregungen, wie Sie Singen, Musizieren und Bewegen „unter einen Hut bekommen".

Um für „meine" Musikkinder eine weitere Art des Umgangs mit Musik zu erschließen, habe ich mir zu vielen Liedern kleine Requisiten hergestellt, mit denen ich den Text ein wenig spielen oder Bewegungen zum Lied vormachen kann. Manche dieser Requisiten kommen so gut an, dass die Kinder oder deren Eltern sie nachbasteln. So werden die Lieder noch mehr als sonst aus der Musikschule in die Familie hineingetragen und zu Hause weiter gesungen und gespielt.

Aus dieser Erfahrung heraus entstand die Idee zu diesem Buch, welches Singen, Bewegen und Musik machen mit Malen und Basteln verbindet. Was sich in der Musikgruppe bewährt hat, funktioniert ebenso in Kindergarten und Grundschule und kann musik- und bastelbegeisterten Eltern zu Hause gute Impulse liefern.

In meiner Sammlung von Anregungen für Ihre Gruppe oder Klasse finden Sie zu jedem Lied Vorschläge für unterschiedliche Bastelaktivitäten mit Materialliste und Schwierigkeitsgrad: Manche Arbeiten eignen sich schon für Bastelanfänger, andere sind eher für die Bastelprofis gedacht.

Die ausgewählten Lieder und Musikstücke werden Sie zum Teil vielleicht bereits kennen, andere sind ganz neu für dieses Buch entstanden. Sie finden Sie alle auf der beiliegenden CD. Diese enthält außerdem Schablonen, soweit sie nötig sind, und Schritt-für-Schritt-Anleitungen für einige der schwierigeren Bastelarbeiten.

Alle Mal- und Bastelideen sind ebenso in der Praxis erprobt wie die Vorschläge zur Erarbeitung der Lieder. Nehmen Sie sie bitte trotzdem mehr als Impuls zum kreativen Umgang mit den Liedern denn als fertige „Rezepte". Der Kobold, der im Buch immer wieder auftritt, möchte Sie zum Ausprobieren beim Basteln einladen. Vielleicht fallen Ihnen tolle Variationen zu meinen Ideen ein oder Sie entwickeln sogar ganz neue – das würde mich freuen!

Ich wünsche Ihnen und Ihren Kindern viel Freude beim Singen, Bewegen, Musik machen, Malen und Basteln.

Kati Breuer

Frühling 6

Sommer 32

Herbst 60

Winter 90

Verzeichnisse 116

1

Es war eine Mutter

Text / Melodie: überliefert

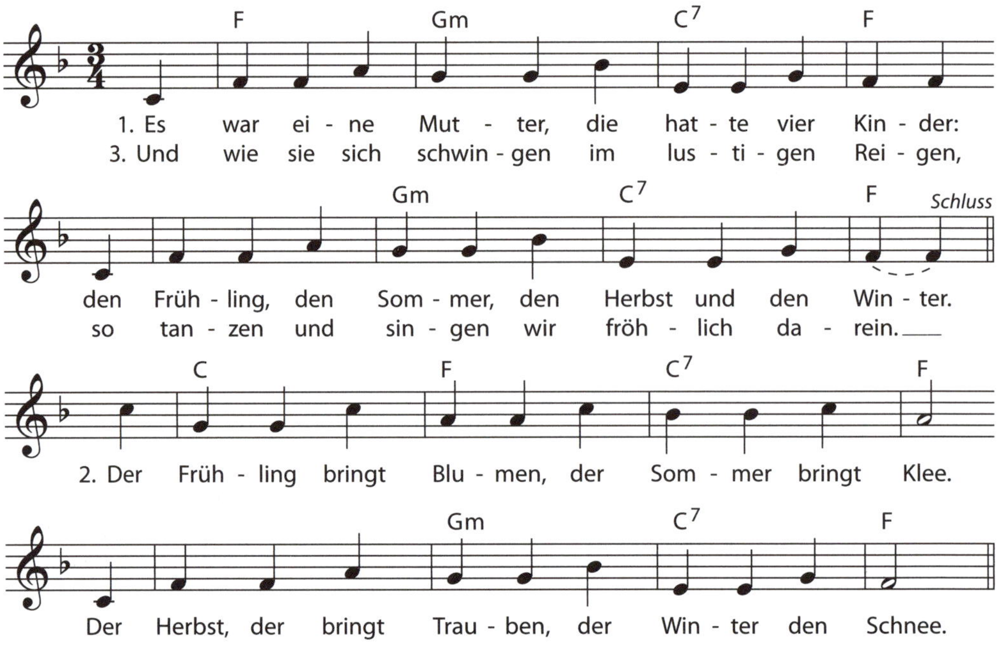

Das Lied erarbeiten

Erzählen Sie den Kindern die folgende kleine Geschichte und stellen Sie an den entsprechenden Stellen die Fragen dazu. Die Kinder denken sich die Antworten selbst aus.

Es war eine Mutter, die hatte vier Kinder. Das erste hieß „Friedelgunde“ und als zweiten Namen wählten die Eltern „Frühling“ aus.
Vor Freude über seine Tochter pflückte der Vater lauter Schneeglöckchen.
Frage: Welche Blumen brachten wohl die Großeltern mit?
Frage: Wann wurde das Kind Friedelgunde Frühling geboren?

Das zweite Kind hieß „Susi“ und bekam außerdem noch den Namen „Sommer“.
Frage: Wann wurde das Kind Susi Sommer geboren?
Frage: Wo spielte Susi Sommer an ihrem ersten Geburtstag gerne?

Das dritte Kind hieß „Heribert“. Seine Geschwister suchten den zweiten Namen aus und der lautete „Herbst“.
Frage: Wann wurde Heribert Herbst geboren?
Frage: Welche Früchte mochte er besonders gerne?

Das vierte Kind bekam den Namen „Winnie“ und die Großeltern durften den weiteren Namen aussuchen. Sie bestimmten „Winter“ als zweiten Namen.
Frage: Wann wurde das Kind Winnie Winter geboren?
Frage: Worauf freute es sich immer besonders, wenn sein Geburtstag näherkam?

Die Mutter und der Vater, Friedelgunde Frühling, Susi Sommer, Heribert Herbst und Winnie Winter hatten aber auch noch einen gemeinsamen Nachnamen.
Frage: Wie hießen sie wohl alle zusammen? (Antwort: Jahreszeit!)

Fahren Sie mit den Fragen fort und bauen Sie die erste Liedzeile – gesungen – ein:

Es war eine Mutter, die hatte vier Kinder.

(gesprochen:) Meine Mutter hat nur zwei Kinder, meine Schwester und mich.
Frage: Wie viele Kinder hat deine Mutter?

Singen Sie reihum jedes Kind mit der Frage an. Ergänzen Sie dann das restliche Lied.

Das Lied begleiten

Regen Sie die Kinder dazu an, zu jeder Jahreszeit eine bestimmte Instrumentengruppe festzulegen, z. B. Stabspiele für den Frühling, Klanghölzer für den Sommer, Trommeln für den Herbst und Glöckchen für den Winter. Jedes Kind bekommt eines dieser Instrumente, sodass alle Instrumente einigermaßen gleichmäßig verteilt sind.

Singen Sie dann gemeinsam mit den Kindern das Lied. Die Kinder spielen auf ihrem Instrument, wenn die jeweilige Jahreszeit im Text vorkommt. Dabei müssen sie sehr gut aufpassen, wann sie an der Reihe sind, weil jede Jahreszeit nur ganz kurz genannt wird.

Tipp: Begleiten Sie auch die Einführungsgeschichte einmal mit den ausgewählten Instrumenten. Am Schluss, wenn alle Kinder zusammen genannt werden, spielen alle Instrumente gleichzeitig.

Weitere Ideen zum Lied

Spielen Sie das Lied als einfaches Kreisspiel. Die Kinder gehen an den Händen gefasst singend im Kreis, während vier Jahreszeiten-Kinder in der Mitte herumtanzen und an den entsprechenden Textstellen pantomimisch Blumen, Klee, Trauben und Schnee in den Händen tragen. Ist das Lied zu Ende, sucht jede „Jahreszeit“ ein neues Kind aus, das im nächsten Durchgang in die Mitte gehen darf.

Besonders gerne spielen die Kinder dieses Kreisspiel, wenn die Jahreszeiten durch eine angedeutete Verkleidung symbolisiert werden, z. B. durch Chiffontücher (grün, gelb, braun, weiß) oder auf Notizzettel gemalte Symbole, die an der Kleidung befestigt werden können.

Jahreszeitenrasseln

Material

- pro Kind vier durchsichtige Plastikflaschen mit Deckel, z. B. von Smoothies
- viel unterschiedliches Material zum Füllen: Steine, Perlen, Pfeifenputzer, Moosgummiteile, Trinkhalme, Tonkartonreste, Wolle usw.
- Schere

So wird's gemacht

Jedes Kind stellt sich für jede der vier Jahreszeiten eine Rassel her. Dazu werden vier Plastikflaschen entsprechend gefüllt und verschlossen. Die Kinder können dabei nach Farben vorgehen und z. B. die Frühlingsrassel mit lauter grünem Material füllen, die für den Sommer mit gelbem usw.

Eine andere Möglichkeit ist es, eher gegenständlich zu arbeiten, also die Frühlingsrassel mit Blumen zu füllen (aus Moosgummi oder aus Tonkarton ausgeschnitten), die sommerliche mit lauter Sonnen usw.

Jahreszeitenbaum

Material

- viele Kronkorken
- Schulmalfarbe in braun, grün, weiß, gelb und orange
- Fotokarton
- Pinsel
- Klebstoff

So wird's gemacht

Bei dieser Gruppenarbeit bemalen die Kinder die Kronkorken innen mit grüner, weißer, gelber und oranger oder brauner Farbe. Dabei sollen sie darauf achten, dass von jeder Farbe ungefähr gleich viele Kronkorken vorkommen. Am einfachsten geht das, wenn vorher festgelegt ist, dass jedes Kind beispielsweise drei Kronkorken pro Farbe anfertigt.

Malen Sie auf Fotokarton einen großen Baum mit vielen Ästen aber ohne Blätter. Ist die Farbe in allen Kronkorken getrocknet, beginnt die Ausgestaltung des Baumes: Alle legen gemeinsam fest, welches Viertel der Äste welche Jahreszeit darstellen soll. Die Kinder kleben die Kronkorken entsprechend auf die Äste: grün für den Frühling, gelb für den Sommer, der Herbst ist orange bzw. braun und der Winter weiß.

2

Fasching, Fastnacht, Karneval

Text / Melodie: Kati Breuer

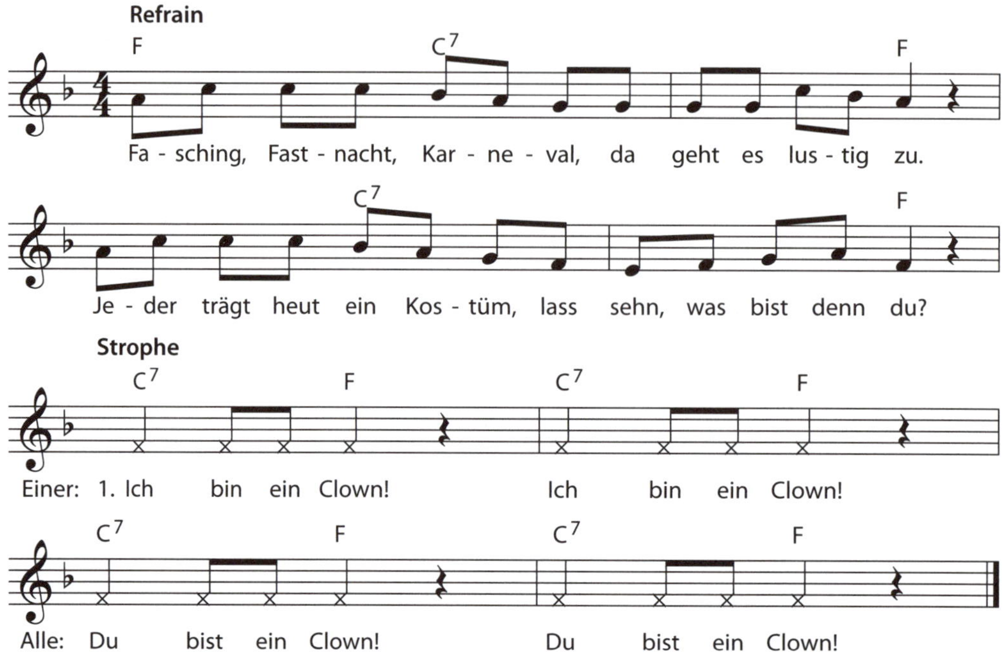

Fasching, Fastnacht, Karneval …
2. Ich bin eine Katze! …

Fasching, Fastnacht, Karneval …
3. Ich bin ein Indianer! …

Fasching, Fastnacht, Karneval …
4. Ich bin eine Prinzessin! …

Das Lied erarbeiten

Nutzen Sie das Lied zum Vorstellen der Kostüme bei Ihrer Karnevalsfeier. Jedes Kind bekommt damit einmal die Gelegenheit, der Gruppe seine Verkleidung zu präsentieren und die ungeteilte Aufmerksamkeit aller zu bekommen, was sonst im Festtrubel schnell untergeht.

Damit die Kinder das Prinzip verstehen, stellen sich am besten zunächst die Erwachsenen vor. Das Lied wird gesungen, daraufhin sprechen Sie oder Ihre Kollegin:

Einer: Ich bin ein Clown! Ich bin ein Clown!

Fordern Sie die Kinder auf, die Antwort zu sprechen:

Alle: Du bist ein Clown! Du bist ein Clown!

So geht es reihum, bis alle Kostüme vorgestellt wurden. Wer sich nicht traut, alleine zu sprechen, bekommt etwas Hilfe.

Mit der Stimme spielen

Zur Faschingszeit gehören Klamauk und Quatschmachen. Verfremden Sie doch das Lied einmal, indem Sie wie bei „Drei Chinesen mit dem Kontrabass" Buchstaben austauschen – entweder wie gewohnt jeweils die Vokale oder aber zur Abwechslung den Anfangslaut. Es heißt dann statt des ursprünglichen Textes „Fasching, Fastnacht, Farneval, fa feht fes fustig fu …" oder „Pasching, Pastnacht, Parneval, pa peht pes pustig pu …" Ob die Kinder auch die Solo-Stellen auf diese Weise sprechen können, ohne einen Lachanfall zu bekommen?

Das Lied begleiten

Mit den vorgestellten selbstgemachten Faschingsrasseln oder anderen Instrumenten wird das Lied begleitet. Jeder spielt einfach so, wie er möchte. Es werden nur zwei Regeln verabredet: Der Gesang muss hörbar sein und die Instrumente schweigen, während das Solo-Kind *(Ich bin eine Katze!)* spricht. Die Antwort *(Du bist eine Katze!)* kann wiederum mit den Rasseln begleitet werden.

Weitere Ideen zum Lied

Die Kinder können eine Polonaise durch das ganze Haus tanzen und dabei das Lied singen. Nacheinander haben dann alle ihre Solo-Stelle, dabei hält die Gruppe inne. Vielleicht kommen Kinder aus anderen Gruppen hinzu, sodass die Schlange nach und nach immer länger wird?

Möchten Sie das Lied über die Karnevalszeit hinaus verwenden, so ändern Sie den Text einfach für den Morgenkreis ab:

Hier in unsr'er Gruppe, ja da geht es lustig zu.
Jeder ist ein Teil davon, lass seh'n, wer bist denn du?

Einer: Ich bin (die) Mia! Ich bin (die) Mia!
Alle: Du bist (die) Mia! Du bist (die) Mia!

Faschingsgesicht

Material

- Porträtfotos von jedem Kind (auf ein DIN-A4-Blatt ausgedruckt, schwarz-weiß oder in Farbe, jedoch alle Gesichter gleich)
- Tonpapier in verschiedenen Farben
- Schere
- Stifte
- buntes Material zum Verzieren, z. B. Luftschlangen, Konfetti
- Klebstoff

So wird's gemacht

Für diese Dekoration für den Gruppenraum kleben die Kinder das Foto ihres Gesichts auf Tonpapier und schneiden es aus.

Ebenfalls aus Tonpapier wird ein spitzer Partyhut geschnitten, der von der Größe her ungefähr zum Foto passt. Die Kinder kleben ihn daran fest und verzieren ihn anschließend nach Belieben.

Auch eine Dekoration des Raumes nur mit Hüten, z. B. als Girlande, ist denkbar.

Faschingsrassel

Material

- Pappteller
- getrocknete Bohnen oder kleine Steinchen
- Tacker
- Schulmalfarben
- Pinsel
- evtl. Material zum Verzieren (Luftschlangen, Konfetti, Glitzer usw.)

So wird's gemacht

Jedes Kind bemalt zwei Pappteller auf der Außenseite nach seinen eigenen Vorstellungen.

Nach dem Trocknen wird eine Handvoll Bohnen oder Steinchen in einen der Teller gegeben, der andere kommt als Deckel obendrauf. Beide Teller werden rundherum am Rand mit dem Tacker zusammengeheftet. Das geht am besten zu zweit: Einer hält die Teller fest, der andere heftet.

Wer möchte, verziert seine Rassel zusätzlich mit allerlei buntem Material.

PDF

Bunte Faschingsbrille

Material

- Tonkarton
- Stifte
- spitze Schere
- Material zum Verzieren, z. B. Perlen, Schmucksteine, Pailletten, Federn
- Klebstoff

So wird's gemacht

Die Kinder zeichnen die Form der Brille auf Tonkarton und schneiden sie aus. Hier kann auch die Schablone auf der CD genutzt werden. Bei den Löchern für die Augen brauchen die Jüngeren vielleicht etwas Hilfe.

Die Bügel der Brille werden einmal nach hinten geknickt, dann wieder zurückgebogen und die Kinder legen die Arbeit flach auf den Tisch.

Nun kann die Brille nach Herzenslust mit allerlei buntem Material beklebt werden, dabei sollten die Bügel frei bleiben, weil sich die fertige Brille dann besser tragen lässt. Wem die Bügel einfarbig nicht gefallen, der malt Muster darauf.

3

Osterhasentanz

Text / Melodie: Kati Breuer

Osterhasentanz

Material

- Kuscheltier-Hase
- Egg-Shaker

Das Lied erarbeiten

Benutzen Sie den Kuscheltier-Hasen zur Einführung des Liedes. Er stellt sich mit seinem Namen – Franz – vor, spaziert im Kreis herum und begrüßt die Kinder einzeln nacheinander. Der Hase erzählt den Kindern, dass er sie zum Frühlingstanz einladen möchte. Lassen Sie ihn dann die Bewegungen des zweiten Teils vormachen, während Sie den Text dazu sprechen:

Einmal vor, einmal zurück …

Bitten Sie die Kinder beim zweiten Durchgang die Bewegungen mitzumachen und gehen Sie dann dazu über, diesen Teil zu singen. Der Anfang des Liedes folgt danach.

Tipp: Sobald die Kinder das Lied gut können, haben sie einen Riesenspaß daran, das Singtempo zu steigern und damit natürlich auch die entsprechenden Bewegungen sehr schnell auszuführen.

Mit der Stimme spielen

Sobald die Melodie bekannt ist, singen die Kinder das Lied auf „ei“. Dabei können sie versuchen, dieser kleinen Silbe verschiedene Stimmungen zu geben, indem sie sie flüstern, heulen, rufen, hoch oder tief singen, sprechen usw.

Das Lied begleiten

Passend zum Osterthema wird das Lied mit Egg-Shakern begleitet. Jedes Kind bekommt eine dieser Rasseln und spielt den Liedanfang damit rhythmisch mit, am besten im Stehen. Sobald der zweite Teil beginnt, werden die Shaker zur Seite gelegt und die schon bekannten, im Text genannten Bewegungen ausgeführt.

Das Lied aufführen

Soll das Lied aufgeführt werden, z. B. beim Frühlingsfest, verwandelt sich ein (älteres) Kind oder ein Erwachsener in den Osterhasen Franz. Er macht die Bewegungen, die im ersten Teil des Liedes genannt sind:

Streckt die Nase in die Luft ... schaut sich nach den Kindern um ... wackelt lustig mit dem Po usw.

Im zweiten Teil machen dann alle mit.

Weitere Ideen zum Lied

Das Lied kann zweimal gesungen oder aber um folgende Strophe ergänzt werden:

Auch die Tiere lädt der Franz
alle ein zum Frühlingstanz.
Igel Hans kommt angelaufen,
läuft so schnell, er kann kaum schnaufen
und das Mäuschen Kunigunde
tanzt schon mal die Mäuserunde,
wackelt lustig mit dem Po
und dann machen alle so:
Einmal vor, einmal zurück ...

Wird die Strophe ergänzt, sollten auch ein Igel und eine Maus mit auftreten.

PDF

Osterhasenohren

Material

- Tonkarton in braun und weiß
- Bleistift
- Schere
- Tacker
- Klebstoff

So wird's gemacht

Für diese einfache Verkleidung zum Osterhasentanz schneiden die Kinder (evtl. mit Ihrer Hilfe) aus dem braunen Tonkarton einen etwa 5 cm breiten Streifen. Er muss so lang sein, dass er um den Kopf des Kindes passt, mit einigen Zentimetern Zugabe. Ebenfalls aus dem braunen Tonkarton schneiden sie die länglichen Hasenohren; hier können auch die Schablonen auf der CD genutzt werden. Das Innere der Ohren wird mit einer aus weißem Tonpapier geschnittenen Form beklebt.

Dann werden beide Ohren an den Tonkartonstreifen getackert. Zum Schluss wird das Stirnband in der entsprechenden Größe zusammengetackert.

Verkleidungen für Igel und Maus entstehen genauso, hier werden jedoch anstelle der langen Ohren Stacheln bzw. spitze Mauseohren angeklebt.

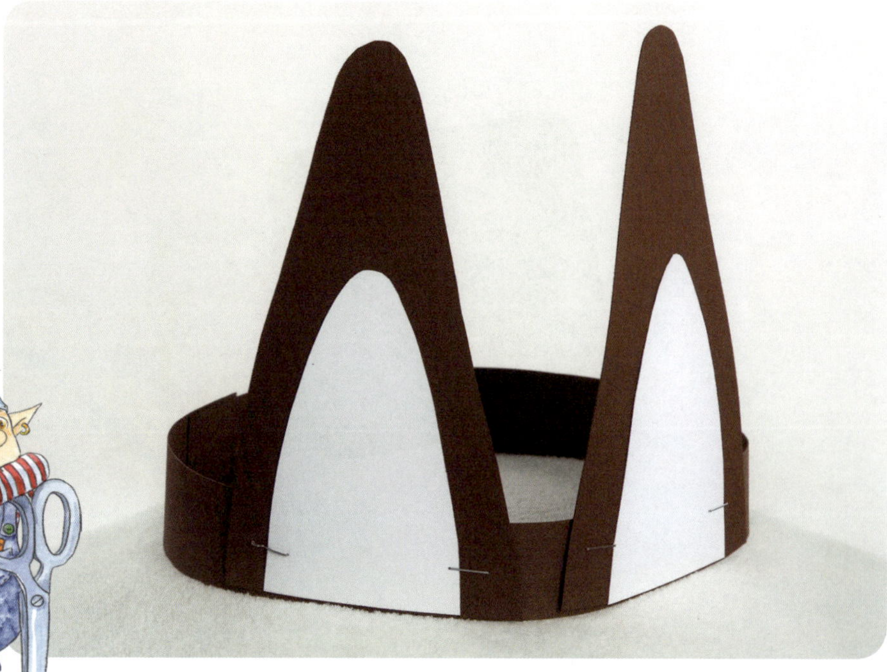

PDF

Eierschalenhase

Material

- Eierschalen von gekochten Eiern (die innere weiße Haut entfernen)
- Tonkarton in braun oder weiß
- Watte
- schwarzer Stift
- Wackelaugen
- Schere
- Klebstoff

So wird's gemacht

Die Kinder zeichnen einen Hasen auf den Tonkarton und schneiden ihn aus. Hier kann auch die Schablone auf der CD genutzt werden. Das Auge wird aufgeklebt und die Nase mit schwarzem Stift gezeichnet.

Die Eierschale wird mit den Fingern zu kleinen Stückchen zerdrückt. Dann bestreichen die Kinder die Hasenform mit Klebstoff und kleben die Eierschalenstückchen auf. Als Schwanz dient ein Stückchen Watte, das ebenfalls aufgeklebt wird.

Tipp: Auf braunem Tonkarton sehen Schalen von weißen Eiern gut aus, bei braunen Eiern ist weißer Tonkarton zu empfehlen.

Katzenduett (Musikstück)

Material

- zwei Stoffkatzen
- für jedes Kind eine Trommel

Die Musik erarbeiten

Erzählen Sie den Kindern, dass in der Musik, die sie gleich hören werden, zwei Tiere miteinander singen. Vermutlich hören die Kinder sofort, dass es um Katzen geht.

Holen Sie, noch während die Musik läuft, die beiden Stoffkatzen hervor und tun Sie so, als würden diese das Stück singen. Das wird sicher einiges Gelächter geben.

Fordern Sie die Kinder auf, beim erneuten Hören selbst als Katzen durch den Raum zu schleichen, zu springen und zu laufen. Wer möchte, darf auch zur Musik miauen, es darf nur nicht so laut sein, dass man die Musik nicht mehr hören kann.

Weitere Ideen zum Stück

Das eigene Katzenduett

Die Kinder finden sich dann zu zweit zusammen und „unterhalten" sich in Katzensprache. Dabei sollen sie darauf achten, dass jeder einmal zu Wort kommt und nicht der eine Partner den anderen ständig übertönt. Wie in der zuvor gehörten Musik können die Kinder die Silben langziehen und mit den Tonhöhen und der Lautstärke spielen.

Katzenparcour

Die Partner führen sich gegenseitig nur mit der Stimme durch den Raum: Das langgezogene „Mi-" bedeutet „Geh weiter", während das darauf folgend „-au" heißt „Bleib stehen". Zuerst ist das eine Kind der Anführer und das andere folgt, danach wird gewechselt. Können mehrere Katzenpaare gleichzeitig unterwegs sein, ohne dass sie sich gegenseitig ablenken?

Mäusejagd

Auf Handtrommeln schleichen die Kinder mit den Händen wie Katzen zu dem folgenden Vers.

Kleine schwarze Katze
schleicht auf leiser Tatze.
Leis ist sie, ganz leise,
schleicht auf Katzenweise
hinterm Mäuslein her,
denn Jagen ist so schwer.
Und dann macht sie – Paddatz! –
(auf die zweite Silbe von Paddatz einen lauten Schlag auf die Trommel machen)
einen großen Satz.

PDF

Zeitungskatze

Material

- Zeitungspapier
- schwarzes Tonpapier (DIN A4)
- weißes Schreibpapier
- Stifte
- Schere
- Klebstoff

So wird's gemacht

Aus Zeitungspapier schneiden die Kinder die Form einer sitzenden Katze (ohne Beine) aus. Sie soll möglichst das schwarze Tonpapier ausfüllen, das als Hintergrund dient. Für jüngere Kinder ist gerade das oft schwierig und sie brauchen etwas Hilfe beim Entwickeln ihrer Form. Hier können auch die Schablonen auf der CD zum Einsatz kommen.

Die Katze wird ausgeschnitten und auf den Hintergrund geklebt. Sie erhält ein Paar spitze Ohren, ebenfalls aus Zeitungspapier. Das Gesicht, die Schnurrharre und evtl. ein Halsband werden aus Schreibpapier zugeschnitten, nach Wunsch bemalt und angeklebt.

5

Eine kleine Blume

Text / Melodie: Alexandra Ziegler

Material

- für jedes Kind ein Chiffontuch
- Fingercymbeln
- evtl. Instrumentalmusik von einer CD

Das Lied erarbeiten

Zeigen Sie den Kindern, wie aus einem Chiffontuch eine Blume wachsen kann: Man knüllt das Tuch in beiden Händen fest zusammen, sodass nichts mehr davon zu sehen ist. Werden die Hände langsam geöffnet, entsteht die Blume. Je langsamer die Hände sich öffnen, desto schöner sieht sie aus. Summen Sie die Melodie des Liedes, während die Blüte entsteht.

Die Kinder setzen sich mit ihren Tüchern im Raum verteilt auf den Boden, jedes hält sein Tuch wie beschrieben in den Händen verborgen. Gehen Sie zuerst – die Melodie summend, später auch das Lied singend – von Kind zu Kind und spielen Sie für jedes einen einzelnen Ton auf den Fingercymbeln, um die Blume „aufzuwecken“: Wer seinen Ton bekommen hat, öffnet langsam die Hände. Dieses Spiel ist meist sehr beliebt und die Kinder sind oft auch gerne selbst einmal derjenige, der die Blumen aufweckt.

Die Tücher haben einen hohen Aufforderungscharakter. Lassen Sie die Kinder nach der Liedeinführung eine Weile frei damit spielen und experimentieren. Man kann die Tücher werfen und fangen, damit tanzen und winken, sie herumwirbeln oder sich damit verkleiden. Den Kindern fällt meistens selber sehr viel ein. Schön ist es, wenn diese Aktionen von Musik (von einer CD) begleitet werden und auch die Erwachsenen mitmachen.

Das Lied begleiten

Das Lied sollte von möglichst sanften, zarten Tönen begleitet werden. Am besten stellen Sie den Kindern eine große Auswahl an Instrumenten zur Verfügung und lassen sie selbst herausfinden, mit welchen man besonders gut die eher leiseren Töne spielen kann. Jeder begleitet das Lied so, wie er möchte.

Weitere Ideen zum Lied

Blumenfarbenmusik

Teilen Sie die Kinder in zwei oder mehr Gruppen auf, von denen jede eine Blumenfarbe zugeordnet bekommt. Jede Gruppe erhält außerdem Instrumente. Legen Sie dann bei jedem Singen zunächst fest, welche Farbe gerade mit Musizieren an der Reihe ist: Die blauen Blumen machen Musik, die restlichen singen unbegleitet usw. Sehr gerne spielen die Kinder dies auch, wenn die Blütenfarbe zunächst gewürfelt werden muss. Überkleben Sie dafür bei einem Farbwürfel die schwarze und die grüne Fläche mit lila und rosa, weil es weder schwarze noch grüne Blumen gibt, und teilen Sie die Kinder in sechs Farbgruppen (weiß, gelb, rot, blau, rosa, lila) ein. Die jeweils gewürfelte Farbe signalisiert der entsprechenden Gruppe, dass sie mit dem Musizieren an der Reihe ist.

Blumennamen musizieren

Sammeln Sie gemeinsam viele unterschiedliche Blumennamen: Krokus, Schneeglöckchen, Sonnenblume, Rose … Die Kinder spielen die Namen der Blumen auf Stabspielen auf den Tönen C und A – frei oder für jede Silbe einen Ton mit der passenden Wortbetonung.

Finden sie Blumen, deren Bezeichnung auf den Instrumenten gleich klingt, also sowohl die Silbenzahl als auch die Betonung gemeinsam hat?

(Glockenblume / Gänseblümchen, Rose / Tulpe, Margerite / Löwenzahn …)

Tipp: Wenn die Kinder am Blumennamen spielen und vergleichen viel Freude haben, regen Sie sie doch anschließend dazu an, den eigenen Vornamen zu spielen. Wer möchte, sucht sich einen Blumennamen, der dem Sprechrhythmus des Namens entspricht: „Lisa" klingt auf dem Metallofon genauso wie „Krokus", „Hussein" passt zu „Löwenzahn" und „Marie" zu „Jasmin". Helfen Sie ggf. mit einer Blumenliste aus dem Internet nach. Schwer haben es bei dieser Aufgabe die Kinder mit einem einsilbigen Vornamen, weil es nicht so viele einsilbige Blumen gibt. „Klee" oder „Mohn" passen beispielsweise.

Buntstiftblumen

Material

- Buntstifte
- Anspitzer, am besten ohne Auffangdose
- kleines Schälchen
- einfarbiges Papier
- Filzstifte
- Klebstoff

So wird's gemacht

Die Kinder spitzen einen Buntstift an, indem sie den Anspitzer über ein kleines Schälchen halten und ihn langsam und vorsichtig drehen. Je länger das abgetrennte Material ist, desto schöner wird später die Blume. Die entstehende dünne Holzschicht wird sehr vorsichtig auf ein Blatt Papier geklebt, dabei sollte der Klebstoff nur punktuell auf das Papier aufgetragen werden und nicht auf das empfindliche Buntstift-Material, das schnell reißt.

Die Blüte wird, solange der Klebstoff noch feucht ist, ein wenig in Form geschoben und nach dem Trocknen mit Filzstiften um Stängel, Blätter und einen bunten Mittelpunkt ergänzt.

Tipp: Viele Bilder nebeneinander ergeben eine tolle Blumenwiese!

Blumenwiese

Material

- weißes und dunkles Papier
- Wasserfarben
- Geschenkpapier-Reste
- Bleistift
- Pinsel
- Schere
- Klebstoff

So wird's gemacht

Die Kinder bemalen zunächst ein weißes Blatt Papier mit grüner Wasserfarbe. Nach dem Trocknen zeichnen sie auf die Rückseite mehrere Blütenstängel mit Blättern, schneiden diese aus und kleben sie auf das dunkle Papier.

Für die Blüten werden jeweils ein größerer und ein kleinerer Kreis aus unterschiedlichem Geschenkpapier gebraucht, übereinander geklebt und schließlich an den Stängeln befestigt.

Tipp: Diese Arbeit eignet sich besonders gut für ein Team aus einem älteren und einem jüngeren Kind, das kann z.B. ein Schulanfänger mit seinem Patenkind sein. Während das ältere Kind die etwas schwierigeren Stängel herstellt, schneidet das jüngere die Kreise aus. Gemeinsam wird das Bild schließlich fertiggestellt.

6

Die Biene (Musikstück)

Material

- für jedes Kind ein schwarzer und ein gelber Pfeifenputzer
- weißes Krepppapier
- Schere
- für jedes Kind zwei Chiffontücher

Die Musik erarbeiten

Vorbereitung: Herstellung einer Pfeifenputzer-Biene

Bereiten Sie eine Biene vor, indem Sie ein etwa 10 x 10 cm großes Stück Krepppapier zuschneiden. Nun verdrehen Sie einen schwarzen und einen gelben Pfeifenputzer zunächst umeinander, knicken den so entstandenen Bienenkörper zur Hälfte und verdrehen ihn so um das Krepppapier, dass das Papier links und rechts als Flügel herausschaut. Die oberen Enden der Pfeifenputzer biegen Sie etwas nach außen, so entstehen die Fühler der Biene.

Erarbeitung in der Gruppe

Nehmen Sie das fertige Insekt mit in die Gruppe und lassen Sie es im Kreis herumfliegen. Sie können dazu das Lied „Summ, summ, summ, Bienchen summ herum" singen.

Spielen Sie dann die Aufnahme der „Biene" von François Schubert vor und bewegen Sie Ihre Biene entsprechend dazu. Regen Sie die Kinder dazu an, sich beim wiederholten Hören der Musik selbst als Bienen durch den Raum zu bewegen. Besonders gut fliegt es sich, wenn man in jeder Hand ein Chiffontuch hält.

Basteln der Pfeifenputzer-Biene in der Gruppe

Schließlich bastelt jedes Kind selbst eine Pfeifenputzer-Biene und fliegt beim erneuten Abspielen der Musik damit herum.

Weitere Ideen zum Stück

Sprechen Sie folgendes Gedicht langsam und betont. Die Kinder lassen die gebastelten Bienen dazu fliegen und stellen den Inhalt dar.

Eine Biene, schau mal her, fliegt mit viel Gebrumm
hin und her und kreuz und quer. Hörst du ihr Summ-summ?
Setzt auf eine Blüte sich, taucht ganz darin ein.
Irgendwo, so denkt sie sich, muss hier Nektar sein.
Kommt dann schwerbepackt hervor, trägt die Pollen raus.
Summt noch einmal um dein Ohr und fliegt schnell nach Haus.

PDF

Eierkartonbiene

Material

- Eierkartons
- gelbe und scharze Schulmalfarbe
- Pfeifenputzer (vier pro Biene)
- Wackelaugen
- Schere
- Pinsel
- Klebstoff

So wird's gemacht

Die Kinder trennen zwei Becherchen aus dem Eierkarton heraus und malen sie mit gelber Farbe an. Diese muss zunächst komplett trocknen, bevor die typischen Bienen-Streifen mit schwarzer Farbe aufgemalt werden können. Ist auch diese getrocknet, erhält jedes Becherchen innen ein Beinpaar aus einem Pfeifenputzer angeklebt. Dieser wird so an der Pappe befestigt, dass er auf beiden Seiten heraussteht.

Der Bienenkopf wird mit zwei kleinen Löchern versehen, durch die ein weiterer Pfeifenputzer als Fühler gezogen wird. Die Kinder kleben beide Körperhälften zusammen. Die Flügel entstehen aus einem dritten Pfeifenputzer, der wie eine 8 gebogen und festgeklebt wird. Zum Schluss bekommt die Biene noch ihre Wackelaugen angeklebt.

Eine Anleitung auf der CD bietet die einzelnen Arbeitsschritte gezeichnet zum Nachbasteln an.

7

Alle Mäuse

Text / Melodie: Alexandra Ziegler

Material

- Zauberstab, z. B. bunt bemalter Ast
- Orff-Instrumente

Das Lied erarbeiten

Verwandeln Sie die Kinder mit Hilfe des Zauberstabs in Mäuse, indem Sie folgenden Vers sprechen:

Hokuspokus, Spinnebein, ihr sollt alle Mäuse sein!

Meistens beginnen die Kinder daraufhin, wie eine Maus zu krabbeln und Pieptöne zu machen.

Singen Sie dann gemeinsam das Lied. Es ist so leicht, dass keine weitere Einführung nötig ist. Für weitere Durchgänge verzaubern Sie die Kinder in andere Tiere, z. B. Hunde oder Katzen und verändern entsprechend die Tierlaute. Ältere Kinder übernehmen gerne selber reihum das Zaubern.

Das Lied begleiten

Verwenden Sie beliebige Orff-Instrumente zur Begleitung. Diese werden jeweils gespielt, wenn man die Tierstimme hört: beim „piep, piep, piep" der Mäuse oder beim „wau, wau, wau" der Hunde. Während des restlichen Liedes sind die Instrumente still.

Weitere Ideen zum Lied

Tier-Lotterie

Fertigen Sie mit den Kindern zusammen Tierkarten an und bewahren Sie sie in einem Körbchen oder Karton auf. Wenn Sie das Lied singen wollen, darf ein Kind eine Karte ziehen und Sie singen die Strophe mit dem entsprechenden Tier. Diese „Lotterie" macht den Kindern meist großen Spaß und das einfache Lied interessanter.

Tipp: Sie können die Tiere selbst zeichnen, im Internet suchen und ausdrucken oder Bilder aus Zeitschriften verwenden. Wichtig ist nur, dass das jeweilige Tier zweifelsfrei zu erkennen ist, weshalb Zeichnungen von Kindern in diesem Fall nur eingeschränkt geeignet sind.

Geräusche-Variante

Erweitern Sie das Lied (und ggf. Ihre Karten dazu) um Dinge, die Klänge und Geräusche machen und besungen werden können:

Alle Autos …
Alle Wellen …
Alle Radios …

Steinmaus

Material

- flache, graue Steine für den Mäusekörper (beim Sammeln schon auf die Form achten)
- grauer Filz
- schwarze Wollreste
- schwarzer Filzstift (wasserfest)
- Schere
- Klebstoff

So wird's gemacht

Aus dem grauen Filz schneiden die Kinder halbkreisförmige Mäuseohren. Schwanz und Schnurrhaare entstehen aus Wolle. Alles wird an dem steinernen Mäusekörper festgeklebt. Mit einem wasserfesten Stift malen die Kinder zum Schluss noch die Augen auf.

PDF

Zuckerstangenmaus

Material

- grauer Tonkarton (oder eine Auswahl an verschiedenen Farben und Mustern)
- weißes und rosa Tonpapier (bzw. weitere Farben)
- Wackelaugen
- Filzstift
- gebogene Zuckerstange
- Bleistift
- (spitze) Schere und Cuttermesser
- Klebstoff

So wird's gemacht

Aus grauem Tonkarton schneiden die Kinder einen ovalen Mäusekörper aus, hier kann auch die Schablone auf der CD verwendet werden. Er wird mit aus Tonpapier geschnittenen Ohren versehen, bekommt Wackelaugen angeklebt und eine gemalte Nase mit Schnurrhaaren. Der Schwanz entsteht aus einer gebogenen Zuckerstange. Hierfür muss die Maus mit zwei etwa 2 cm langen Schlitzen versehen werden, durch welche die Zuckerstange geschoben werden kann. Ältere Kinder können mit einer spitzen Schere selbst ans Werk gehen, bei jüngeren helfen Sie besser mit (evtl. Cuttermesser verwenden).

Es sind natürlich auch blaue oder grüne oder gemusterte Mäusekörper möglich, hier kann man den Kindern eine Auswahl an verschiedenfarbigem Tonkarton zur Verfügung stellen.

Tipp: Die Zuckerstangenmaus eignet sich auch gut als kleines Geschenk, z.B. zum Geburtstag der Kinder in Ihrer Gruppe. Vielleicht finden sich kurz vor einem anstehenden Geburtstag jeweils zwei oder drei Kinder, die das Geschenk für das Geburtstagskind gemeinsam herstellen möchten.

8

Trarira, der Sommer, der ist da

Text / Melodie: überliefert

2. Trarira, der Sommer, der ist da!
Wir wollen hinter die Hecken und woll'n den Sommer wecken.
Ja, ja, ja, der Sommer, der ist da!

3. Trarira, der Sommer, der ist da!
Der Sommer hat gewonnen, der Winter hat verloren.
Ja, ja, ja, der Sommer, der ist da!

Material

- Bauklotz o. Ä. als Mikrofon
- Stabspiele und Klangstäbe

Das Lied erarbeiten

Klatschen Sie den Kindern den Anfangsrhythmus des Liedes vor und sprechen Sie dazu die Silben „tra-ri-ra, tra-ri, tra-ri, tra-ra". Diese rhythmische Figur wird dann mehrmals mit den Kindern gemeinsam zunächst gesprochen und dann auch geklatscht.

Steigen Sie danach auf den Liedtext um. Sie können ein kleines Echo-Spiel daraus entwickeln, indem Sie einen Bauklotz als Mikrofon verwenden und zuerst vor Ihren Mund halten, als würden Sie hineinsprechen, dann vor den eines Kindes:

Lehrerin: tra-ri-ra
Kind: tra-ri-ra
Lehrerin: tra-ri, tra-ri, tra-ra
Kind: tra-ri, tra-ri, tra-ra
Lehrerin: tra-ri-ra
Kind: tra-ri-ra
Lehrerin: Der Sommer, der ist da.
Kind: Der Sommer, der ist da.

Erzählen Sie den Kindern, dass dies der Anfang eines Liedes ist, das es schon seit mehr als hundert Jahren gibt und das über viele Generationen überliefert ist. Oft sind die Mädchen und Jungen fasziniert davon, wie man vor dem Computer-Zeitalter Musik und Texte weitergeben konnte, als es CDs, Fernsehen und das Internet noch nicht gab.

Testen Sie gemeinsam, wie das Weitergeben eines Liedes funktioniert, indem Sie sich in kleinen Gruppen innerhalb Ihrer Einrichtung verteilen. Der ersten Gruppe singen Sie eine kurze selbsterfundene Liedzeile vor, die den Kindern noch nicht bekannt sein darf und möglichst einfach sein muss. Üben Sie die Zeile einige Male und schicken Sie dann die erste Gruppe weiter zur zweiten mit der Aufgabe, das Lied weiterzugeben. Die zweite Gruppe geht dann zur dritten usw., bis schließlich die letzte Gruppe die Zeile für alle vorsingt. Hat sich etwas daran verändert oder ist es den Kinder gelungen, die Zeile im Originalzustand weiterzugeben?

Tipp: Schließen Sie das Spiel „Stille Post“ an.

Das Lied begleiten

Begleiten Sie die drei Töne von „Tra-ri-ra“ auf klingenden Stäben, Glockenspiel oder Xylofon. Stellen Sie die drei Anfangstöne zur Verfügung und lassen Sie die Kinder selber herausfinden, in welcher Reihenfolge sie angeschlagen werden müssen.

Sonnenschild

PDF

Material

- Tonkarton
- Stifte
- Material zum Verzieren z. B. Aufkleber oder Hologrammfolie
- Wäschegummi
- Locher
- Schere

So wird's gemacht

Die Kinder schneiden die Sonnenschild-Form aus Tonkarton aus und verzieren sie nach eigenem Geschmack. Hier kann auch die Schablone auf der CD genutzt werden. Die Enden werden gelocht und ein Wäschegummi in der passenden Länge eingezogen.

Tipp: Diese einfache Arbeit eignet sich hervorragend für angedeutete Kostüme, z. B. bei einer Aufführung zum Sommerfest. Mit der entsprechenden Dekoration wird die Grundform zu einem Tier, einer Sonne, einer Blume – was auch immer für die Aufführung gebraucht wird. Durch das Gummiband passt die Verkleidung vielen Kindern und kann ggf. schnell weitergegeben werden.

Muschel-Fensterbild

Material

- Bastelkleber (durchsichtig auftrocknend)
- viele Muscheln
- Plastiktüte
- Nadel
- Faden

So wird's gemacht

Mit dem Bastelkleber „zeichnen" die Kinder eine geschlossene Form (Herz, Kreis) auf die glatt gezogene Plastiktüte und füllen diese mit Kleber aus, sodass eine nicht zu dünne, lückenlose Klebstoffschicht entsteht. In diese Masse drücken sie dann dicht an dicht viele Muscheln. Das fertige Fensterbild muss etwa zwei Tage trocknen, bevor es von der Plastiktüte abgezogen werden kann. Mit Nadel und Faden erhält die fertige Arbeit zum Schluss einen Aufhänger.

Tipp: Anstatt mit Muscheln kann solch ein Fensterbild auch mit kleinen Steinchen, getrockneten Hülsenfrüchten und Getreidekörnern etc. gestaltet werden. Alle kleinen Materialien, die nicht allzu schwer sind, eignen sich dafür.

9

Tim Tiger (Musikstück)

Material

- für jedes Kind eine Rassel

Die Musik erarbeiten

Das Stück besteht aus zwei sich wiederholenden, unterschiedlichen Teilen, welche die Kinder in zwei verschiedene Bewegungen umsetzen sollen.

Am Anfang (A-Teil) klingt es wie das Schleichen eines Tigers. Wer kann ganz leise durch den Raum schleichen und dabei eine Rassel bei sich tragen, ohne dass man sie hört?

Im B-Teil löst sich die Spannung und die Kinder bewegen sich frei durch den Raum und spielen auf ihrem Instrument.

Aber Achtung, sobald der A-Teil wieder zu hören ist, wird es mucksmäuschenstill und der Tiger schleicht erneut ganz leise herum.

Weitere Ideen zum Stück

Jagd-Tanz
Teilen Sie die Kinder in zwei Gruppen ein, die Tiger (A-Teil) und die Beute (B-Teil). Es bewegt sich jeweils die Gruppe, deren Musik gerade zu hören ist, während die andere stehenbleibt. Die Tiger schleichen wie gehabt, die Beute geht mutig um die unbeweglichen Tiger herum.

Fingertanz im Sitzen
Im Sitzen schleichen (A-Teil) und hüpfen (B-Teil) die Kinder zur Musik mit den Fingern auf den Oberschenkeln.

➔ **Tipp:** Diese Bewegungen sind eine gute Alternative, wenn für das Herumschleichen im Raum nicht genug Platz ist.

Die Tigerfamilie – Geschichte mit Pantomime
Erzählen Sie die folgende Geschichte, die Kinder spielen pantomimisch mit.

Text der Geschichte	Bewegungsanleitung
Der Tiger liegt im hohen Gras und schläft.	Bauchlage, langsam atmen
Er träumt davon, dass er einen Hirsch verfolgt, wacht auf und streckt sich.	Kopf aufrichten, Arme aufstützen
Nun dreht er den Kopf und schaut sich nach allen Seiten um.	Kopf drehen

Der Tiger schaut sich noch weiter um, aber es ist kein Hirsch zu sehen, den er fangen könnte.	Arme durchstrecken, Oberkörper aufrichten
Er steht ganz auf, reckt sich und streckt sich und geht zu seinen Tigerkindern.	aufstehen, strecken, einige Schritte auf der Stelle gehen
Der Tiger gibt den Tigerkindern heute Sprungunterricht.	mehrere weite Sprünge machen
Die Kinder können das schon ganz gut, der Tiger freut sich. Er spielt noch ein wenig mit den Kindern.	in verschiedene Richtungen springen
Schließlich wird er wieder ein bisschen schläfrig. Er setzt sich hin und reckt und streckt sich noch einmal.	auf die Fersen setzen, strecken
Er putzt sein Fell,	pantomimisch das Fell lecken
dann rollt er sich zusammen, gähnt ganz genüsslich	auf die Seite legen und gähnen
und schläft für ein Weilchen wieder ein.	Bauchlage, langsam atmen

Löffeltiger

Material

- Holz-Kochlöffel
- Schulmalfarben in orange, rot und schwarz
- evtl. Wackelaugen
- schwarze und orangefarbene Tonpapierreste
- Pfeifenputzer in orange und schwarz oder gestreift

So wird's gemacht

Die Kinder bemalen den Kochlöffel mit oranger Farbe und lassen diese gut trocknen. Die Tigerstreifen werden dann mit schwarzer Farbe aufgemalt. Aus Tonpapier schneiden die Kinder zwei Dreiecke für die Ohren und kleben sie fest. Schnurrhaare und Nase werden mit schwarzer, der Mund mit roter Farbe aufgemalt. Dann kleben die Kinder noch die Wackelaugen an oder malen die Augen auf. Zum Schluss bekommt der Tiger seinen Schwanz aus einem gestreiften oder zwei miteinander verdrehten Pfeifenputzern, dieser wird am Löffelstiel angebracht.

10

Wir feiern ein Fest und singen

Melodie: Marc-Antoine Charpentier „Eurovisionsmelodie“
Text: Frigga Schnelle

Material

- Trommeln
- diverse Rhythmusinstrumente

Das Lied erarbeiten

Erzählen Sie den Kindern ein wenig über die Geschichte der Eurovisionsmelodie. Sie wird seit 1954 bei großen europaweit übertragenen Fernsehereignissen als Erkennungsmelodie gespielt, z. B. beim Eurovision Song Contest. Geschrieben hat sie der französische Komponist Marc-Antoine Charpentier, der von ca. 1643 bis 1704 vorwiegend in Paris lebte. Die Melodie ist das Thema des Präludiums aus Charpentiers „Te Deum“, einem Lobgesang zur Ehre Gottes. Oft wurde das „Te Deum“ aber auch bei Feierlichkeiten am Königshof gespielt.

Natürlich gab es im 17. Jahrhundert noch keine Fernseher und der Komponist hätte es sich sicher nie träumen lassen, dass seine Musik noch über 300 Jahre später in ganz Europa bekannt sein würde.

Spielen Sie den Kindern die Musik vor und erzählen Sie dann, dass Sie die Melodie, mit einem Text versehen, für das (Kindergarten-, Sommer-, Schul-)Fest ebenfalls als Erkennungsmelodie einsetzen möchten. Singen Sie das Lied vor und üben Sie stückweise den Text mit den Kindern ein. Dann kann man auch zur der Aufnahme singen.

Mit der Stimme spielen

Regen Sie die Kinder dazu an, die Instrumente, die in der Eurovisionsmelodie vorkommen, mit der Stimme nachzuahmen. Wer kann ein Blasinstrument, z. B. eine Trompete, darstellen und die Melodie damit „spielen"?

Probieren Sie gemeinsam aus, mit welcher Mundstellung sich die naturgetreuesten Klänge erzeugen lassen. Es kann hier sinnvoll sein, den Mädchen und Jungen Spiegel zur Verfügung zu stellen oder im Waschraum zu üben, damit sie die Mundstellung genau betrachten können.

Das Lied begleiten

Üben Sie mit beliebigen Rhythmusinstrumenten die Begleitung ein: Die Kinder spielen jeweils einen einzelnen Ton auf der ersten Zählzeit jedes Taktes – der Anfang des Liedes mus wegen des Auftaktes wahrscheinlich einige Male geübt werden. Besonders gut funktioniert diese Begleitung, wenn die Kinder zur Aufnahme singen. Für eine Aufführung kann die Nutzung des gesamten Präludiums sinnvoll sein (Erwerb über entsprechende Musikportale im Internet).

Stellen Sie gemeinsam die auf der nächsten Seite beschriebenen Festtagsrasseln her und verwenden Sie diese zur Begleitung. Die Bastelaktion kann je nach Gegebenheiten am Festtag selber fortgesetzt werden, sodass die Besucher das Instrument als Erinnerung mit nach Hause nehmen können.

Weitere Ideen zum Lied

Nutzen Sie die Musik als Anlass für ein Gespräch über Orchesterinstrumente. Wer kann einige aus der Musik heraushören? Viele Kinder spielen gerne pantomimisch eine Trompete oder Violine zur Aufnahme.

➔ **Tipp:** Wenn Ihre Kinder Interesse für die Orchesterinstrumente zeigen, empfiehlt sich eine weiterführende Beschäftigung anhand von Hörbeispielen und Bilderbüchern. Es gibt inzwischen eine Reihe von klassischen Werken, die speziell für Kinder aufbereitet sind und Wissen über Instrumente und musikalische Zusammenhänge kindgerecht und spielerisch vermitteln, oft eingebettet in eine Geschichte. Ebenso können moderne Produktionen den Unterricht sehr bereichern. Gut geeignet sind beispielsweise das Bilderbuch mit CD „Der Elefantenpups" von Heidi Leene oder auch bekannte Werke wie „Peter und der Wolf" oder Mozarts „Zauberflöte" in der Version für Kinder.

Das Lied aufführen

Zu Beginn des Festes singen und spielen die Mädchen und Jungen das Lied, wie sie es vorher eingeübt haben, evtl. zur Aufnahme. Besonders wirkungsvoll ist es, wenn der gesamte Kindergarten oder die gesamte Schule dabei mitmacht.

Bunte Tüchergirlande

Material

- Kosmetiktücher
- Filzstifte
- Zeitungspapier zum Unterlegen
- Wäscheklammern
- Schnur

So wird's gemacht

Die Kinder nehmen ein Kosmetiktuch auseinander, indem sie die einzelnen Lagen vorsichtig voneinander lösen. Es wird nur eine einzelne, hauchdünne Lage gebraucht. Diese muss insgesamt dreimal diagonal von Spitze zu Spitze gefaltet werden, es entsteht ein kleines Dreieck. Die Kinder tupfen vorsichtig Muster mit den Filzstiften auf das dünne Papier, das von der Farbe durchdrungen wird, sodass sich die Muster an mehreren Stellen wiederholen. Das Tuch wird aufgeklappt und so über eine Schnur gehängt, dass die Spitzen nach unten zeigen. Damit nicht ein Luftzug das dünne Tuch wegfliegen lässt, wird es mit einer Wäscheklammer befestigt.

Jedes Kind fertigt ein oder mehrere solcher Mustertücher an, sodass in Gruppenarbeit gemeinsam eine lange, bunte Girlande entsteht.

Festtagsrasseln

Material

- leere Streichholzschachteln
- kleine Steinchen oder Holzperlen
- Kreppklebeband
- Mundspatel (aus der Apotheke)
- Motivklebeband
- Aufkleber

So wird's gemacht

Für eine Rassel wird zunächst die Streichholzschachtel ungefähr zur Hälfte mit Steinchen oder Holzperlen gefüllt. Die Kinder verschließen die Schachtel und kleben die Schublade mit Kreppklebeband zu. Der Mundspatel wird mit Motivklebeband verziert. Dann wird die Streichholzschachtel mit Kreppklebeband darauf festgeklebt und von den Kindern nach Belieben mit Motivklebeband und / oder Aufklebern verschönert.

Tipp: Die Rassel klingt besonders gut, wenn man die Streichholzschachtel gegen die flache Hand schlägt.

11

Mein Pferdchen

Text / Melodie: Kati Breuer

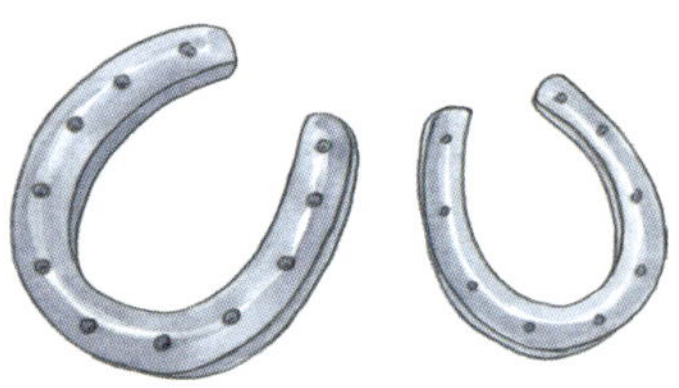

Material

- Holzinstrumente, z.B. Klanghölzer, Röhrentrommel, Holzblocktrommel
- Kokosnuss
- Eisensäge
- Schraubendreher
- Hammer
- Schleifpapier

Das Lied erarbeiten

Spielen Sie den Kindern den Rhythmus „klipperklapp, klipperklapp, klipperklapp" auf einem Holzinstrument vor und laden Sie sie dazu ein, sich dazu zu bewegen: Wer mag, trabt oder galoppiert als Pferd durch den Raum. Lenken Sie die Pferde ein wenig, indem Sie das Tempo variieren, auch einmal stoppen und dann weiterspielen.

Sprechen Sie danach mehrmals den Text des Liedes und begleiten Sie sich dabei auf dem Instrument, bevor Sie schließlich zum Singen übergehen. Das Instrument spielen Sie dabei natürlich weiter. Die „Pferde" laufen dabei weiter herum und passen sich erfahrungsgemäß instinktiv Ihrem Tempo an. Wer möchte, singt direkt mit.

Das Lied begleiten

Jedes Kind bekommt ein Holzinstrument und spielt den Klipperklapp-Rhythmus mit. Hier kann es insbesondere anfangs sinnvoll sein, das Lied von der CD abzuspielen und dazu zu musizieren, denn den Rhythmus durchzuhalten und gleichzeitig zu singen, ist für viele Kinder eine große Herausforderung.

Jüngere Kinder begleiten nur die Stellen, an denen das „Klipperklapp" im Text vorkommt, ältere versuchen, den Rhythmus komplett durchzuspielen.

Kokosnuss-Pferdegetrappel
Besorgen Sie im Supermarkt eine Kokosnuss und öffnen Sie sie mit den Kindern. Dazu müssen zunächst zwei der drei „Augen" mit einem Schraubendreher durchbohrt und das Kokoswasser aus der Nuss herausgegossen werden. Es ist sehr gesund, wer möchte es probieren? Die Nuss wird dann mit einer Eisensäge quer eingesägt, und zwar so, dass nur die äußere, harte Schale durchtrennt wird. Wenn man nun mit einem Hammer behutsam auf beide Hälften schlägt, löst sich der innere Kern von der Schale. Das Fruchtfleisch wird natürlich aufgegessen, die Schale lässt man trocknen und bearbeitet sie dann rundherum mit Schleifpapier, damit sie schön glatt ist und gut in der Hand liegt.

Der verhältnismäßig große Aufwand lohnt sich, denn mit einer Kokosnuss können die Kinder täuschend echtes Pferdegetrappel nachahmen, wenn sie die beiden Hälften entweder auf den Boden, an die Wand oder gegeneinander schlagen.

Weitere Ideen zum Lied

Spielen Sie das Lied als Frage-Antwort-Spiel: Sie singen immer eine Zeile, die Kinder antworten mit „Klipperklapp …" Später geht es vielleicht auch umgekehrt oder Sie teilen die Gruppe und die zwei Hälften singen und musizieren abwechselnd.

Schön ist es auch, wenn die Kinder sich paarweise zusammentun, eines spielt das Pferd, das andere den Reiter. Dazu passt das auf der nächsten Seite beschriebene selbstgebastelte Pferdegeschirr.

Das Lied aufführen

Die Kinder werden in „Pferde" und „Musiker" eingeteilt. Während die eine Gruppe durch den Raum läuft, singt und spielt die andere.

Besonderen Spaß haben die Kinder an einer Wechsel-Variante. Dafür müssen die Holzblocktrommeln auf Tischen stehen. Das Lied wird einmal gesungen und begleitet, die Pferde laufen dabei durch den Raum. Nach dem Ende des Verses sprechen alle mehrmals „klipperklapp, klipperklapp, klipperklapp". Währenddessen gehen alle Pferde zu den Instrumenten, die Musiker werden zu Pferden. Dann wird das Lied noch einmal gesungen. Jedes Kind ist also einmal Musiker und und einmal Pferd. Diese Variante sollte gut geprobt werden, damit beim Wechsel alles reibungslos klappt.

PDF

Papierpferdchen

Material

- quadratisches Faltpapier in braun, schwarz oder weiß
- Papierreste für Mähne und Schweif
- Schere
- Stifte
- Klebstoff

So wird's gemacht

Die Kinder falten das Papierquadrat einmal zur Mitte und schneiden es an dem Falz in zwei Hälften. Die so entstandenen Rechtecke werden wiederum zur Mitte gefaltet, sodass zwei schmale Streifen entstehen. Der eine wird zum Pferdekopf mit Vorderbeinen. Dazu legen die Kinder ihn hochkant hin mit der Faltöffnung nach rechts und falten den oberen Teil schräg nach unten.

Der zweite Streifen wird zum Pferdekörper mit Hinterbeinen. Er wird waagerecht hingelegt und das rechte Ende schräg nach unten zu den Hinterbeinen gefaltet. Dann wird das linke Ende unterhalb des Pferdekopfs in das Kopfteil geschoben. Beide Teile werden aneinander festgeklebt und das Pferd bekommt Augen, Mund und Nüstern gemalt. Zum Schluss schneiden die Kinder Mähne und Schweif zurecht, schneiden dafür jeweils ein entsprechend großes Stück Papier mehrmals ein und kleben beides am Pferd fest.

Die beschriebenen Schritte finden sich illustriert als Faltanleitung auf der CD, sodass die Kinder mit etwas Hilfe selbstständig arbeiten können.

Pferdegeschirr

Material

- Wolle
- Bastelfilz
- Schere
- Locher
- Lochverstärker

So wird's gemacht

Die Kinder drehen zunächst viele lange Kordeln aus der Wolle. Am leichtesten geht das, wenn man zwei (oder mehr) Fäden nimmt, eine Schlaufe damit formt und diese an eine Türklinke hängt. Die losen Enden werden verknotet, es wird ein Stift durchgesteckt und damit die Kordel gedreht.

Aus Bastelfilz wird ein ca. 8 x 12 cm großes Rechteck geschnitten und an einer der langen Seiten links und rechts gelocht. Die Löcher versieht man von beiden Seiten mit Lochverstärkern. Jetzt wird die Kordel durch die Löcher gezogen. Sollte sie nicht lang genug sein, knoten die Kinder einfach eine zweite an.

Tipp: Das Pferdegeschirr kann auch aus geflochtenen Bändern oder Kordeln aus der Strickliesel hergestellt werden, ebenso können die Kinder statt Wolle auch Stoffstreifen verwenden.

(12)

Karneval der Tiere: Aquarium (Musikstück)

Material

- Chiffontücher
- aufgeblasene Luftballons
- Papier
- Wachsstifte

Die Musik erarbeiten

Die Traumgeschichte

Erzählen Sie den Kindern, die auf dem Boden liegen, eine kurze Traumgeschichte, in deren Verlauf Sie die Musik einblenden und fortan laufen lassen. Wer mag, kann dabei die Augen schließen.

„Stell dir vor, du bist ein Fisch im Wasser. Du schwimmst mühelos in der Nähe des Bodens herum, lässt dich von der Strömung treiben und manchmal ein paar Luftblasen aufsteigen. Du siehst bunte Korallen, Muscheln und grüne Wasserpflanzen, die sich langsam im Takt der Wellen wiegen. Fast sieht es so aus, als würden sie ihre langen grünen Arme nach dir ausstrecken. Du schwimmst an ihnen vorbei und immer weiter und fühlst dich wohl im kühlen Wasser. Schau dich ein wenig um, damit du uns nachher davon erzählen kannst, was du hier gesehen hast."

Nach der Geschichte bleibt den Kindern Zeit für ihre Fantasien, während die Musik weiterläuft, bis das Stück zu Ende ist. Sollten die Kinder unruhig werden, blenden Sie die Musik zeitiger aus. Wer möchte, erzählt anschließend darüber, was er sich vorgestellt hat.

Tanz unter Wasser

Beim erneuten Abspielen der Musik dürfen sich die Kinder dazu im Raum bewegen. Dazu stehen bunte Tücher und Luftballons (als Luftblasen) zur Verfügung. Achten Sie darauf, dass während der Bewegungsphase möglichst nicht gesprochen wird. Hinterher darf jeder erzählen, welche Bewegungen ihm gut gefallen haben und welche er eher nicht so passend fand.

Ein Wasserbild zur Musik

Stellen Sie den Kinder großformatiges Papier und Wachsstifte in Blau- und Grüntönen zur Verfügung. Sie malen zur Musik mit möglichst lockereren Bewegungen ein Wasserbild. Es können Wellen, Striche oder einfach nur Farbflächen entstehen. Später kann das Bild mit aufgeklebten Muscheln, Sand und ausgeschnittenen Fischen ausgestaltet werden.

➔ **Tipp:** Eine ganz neue und interessante Erfahrung ist für viele Kinder das Malen im Liegen, wie es der Künstler Michelangelo in der Sixtinischen Kapelle gemacht hat. Er hat ungefähr vier Jahre lang liegend die Decke dieser Kirche bemalt. Wer das so ähnlich auch einmal ausprobieren möchte, der klebt sein Papier mit Klebestreifen von unten an eine Tischplatte oder in einen Karton und legt sich zum Malen auf den Rücken.

Flaschenfisch

Material

- leere Shampooflasche
- Wackelaugen
- Tonkarton
- Schleifenbänder
- Pailletten
- Schmucksteine
- Klebefolie
- wasserfester Stift oder Schulmalfarbe
- Pinsel
- Schere
- Klebstoff
- evtl. dicker Nagel, Bindfaden und Nadel

So wird's gemacht

Die Shampooflasche wird von Etiketten befreit. Ist die Beschriftung aufgedruckt und kann nicht entfernt werden, so überkleben die Kinder sie mit Klebefolie oder bemalen die Flasche mit Schulmalfarbe. Wenn der Fisch später aufgehängt werden soll, bohren die Kinder mit dem Nagel an der Oberseite zwei Löcher hinein und ziehen einen Bindfaden durch.

Der Fisch bekommt das Maul und die Kiemen aufgemalt und auf jeder Seite eine Flosse aus Tonkarton angeklebt. Dann wird er nach Belieben mit Pailletten, Schmucksteinen usw. verziert. Als Schwanz werden Geschenkbänder angeklebt. An der schmalen Seite kleben die Kinder links und rechts je ein Wackelauge an.

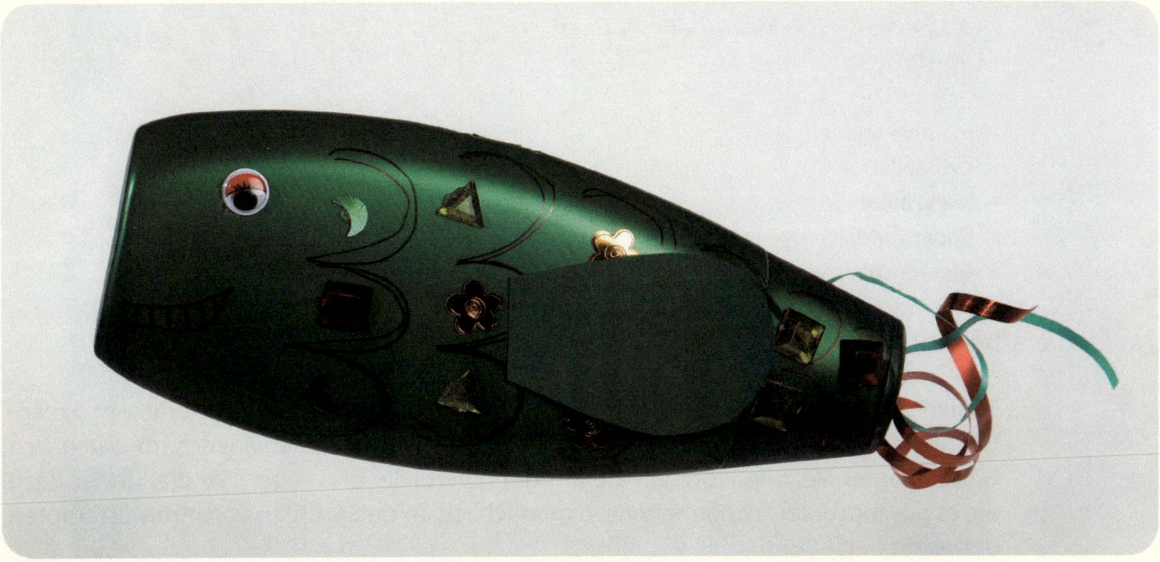

13

Was müssen das für Bäume sein

Text / Melodie: überliefert

2. Was müssen das für Flüsse sein,
wo die großen Elefanten baden gehn,
ohne Badehosen.
Rechts sind Flüsse, links sind Flüsse
und dazwischen Regengüsse,
wo die großen Elefanten baden gehn,
ohne Badehosen.

Material

- mehrere Stühle
- evtl. Seile
- Klangstäbe
- Boomwhackers
- Glockenspiele und Xylofone

Das Lied erarbeiten

Stellen Sie die Stühle in zwei Reihen so auf, dass dazwischen ein Gang entsteht. Erzählen Sie, dass die Stühle Bäume darstellen und gehen Sie einmal langsam durch den Gang. Fragen Sie, wie wohl ein Elefant gehen würde, und regen Sie die Kinder dazu an, es auszuprobieren: Alle schreiten gemächlich an den Stühlen vorbei und stampfen dabei mit den Füßen.

Das Wort „Elefanten" wird im Lied ungewöhnlich, nämlich auf der zweiten Silbe betont und sollte daher gesondert geübt werden. Bei einem zweiten Gang durch die Stuhlreihe sprechen Sie immer wieder die Worte „gro-ße E-le-fan-ten".

Schließlich sprechen Sie beim Gehen den ganzen Text der ersten Strophe und gehen dann zum Singen über. Die zweite Strophe folgt im Anschluss. Hier können Seile auf dem Boden die Flüsse symbolisieren.

Das Lied begleiten

Das Elefantenlied hat nur zwei Begleitakkorde – F-Dur und C-Dur – und kann daher leicht mit Klangstäben, Boomwhackers, Glockenspielen und Xylofonen instrumentiert werden. Sie benötigen die Töne F und C.

Besonders bei jüngeren Kindern hat es sich bewährt, zwei Gruppen zu bilden, eine F-Gruppe und eine C-Gruppe, welche die jeweiligen Töne spielen und räumlich ein wenig getrennt voneinander sitzen. Stellen Sie sich so hin, dass alle Kinder Sie gut sehen können und dirigieren Sie die Musiker, indem Sie sehr deutlich mit den Händen signalisieren, wann F und wann C gespielt werden muss. Arbeiten Sie mit älteren Kindern, so können Sie versuchen, jedes Kind beide Töne spielen zu lassen, dies ist natürlich schwieriger.

Tipp: Bei Glockenspielen, Xylofonen und Metallofonen empfiehlt es sich, die an die zu spielenden Töne angrenzenden Klangplättchen herauszunehmen, sodass die Kinder leichter die Stelle finden, an der ihr Ton sitzt. Auch die Markierung der zu spielenden Töne mit einem farbigen Klebepunkt ist eine Möglichkeit.

Weitere Ideen zum Lied

Sprechen oder singen Sie das Lied im Kanon am besten ohne Begleitung – ansonsten sollte beim Kanon der erste Takt mit C-Dur und der zweite mit F-Dur begleitet werden. Alle zwei Takte setzt eine neue Gruppe ein, so können bis zu neun Gruppen gebildet werden. Anfangs reicht es jedoch aus, die Kinder in zwei Gruppen singen zu lassen. Sehr beliebt ist es meistens, wenn alle Kinder eine Gruppe bilden, die möglichst auch als erstes singt, und die Gruppenleiterin eine andere, die versetzt dazukommt: „Ihr alle gegen mich". Hier haben die Kinder oft schnell ein Erfolgserlebnis und können den Kanon gut durchhalten.

Wenn jede Gruppe durch einen Erwachsenen beim Singen unterstützt werden kann, ist es eine aufregende Erfahrung für die Kinder, den Kanon wirklich mit neun Gruppen zu verwirklichen.

Handabdruck-Elefant

Material

- Fingerfarbe
- Tonpapier in der gleichen Farbe
- Pinsel
- Zeichenpapier
- Wackelaugen
- Wollreste
- Schere
- Klebstoff

So wird's gemacht

Die Kinder machen zunächst mit der Fingerfarbe einen Handabdruck auf das Zeichenpapier. Der Daumen, der später den Rüssel darstellt, sollte dabei weit abgespreizt werden. Sobald die Farbe trocken ist, wird der Elefant ausgestaltet, indem er ein Wackelauge, einen Schwanz aus Wollresten sowie ein angeklebtes Ohr aus Tonpapier erhält.

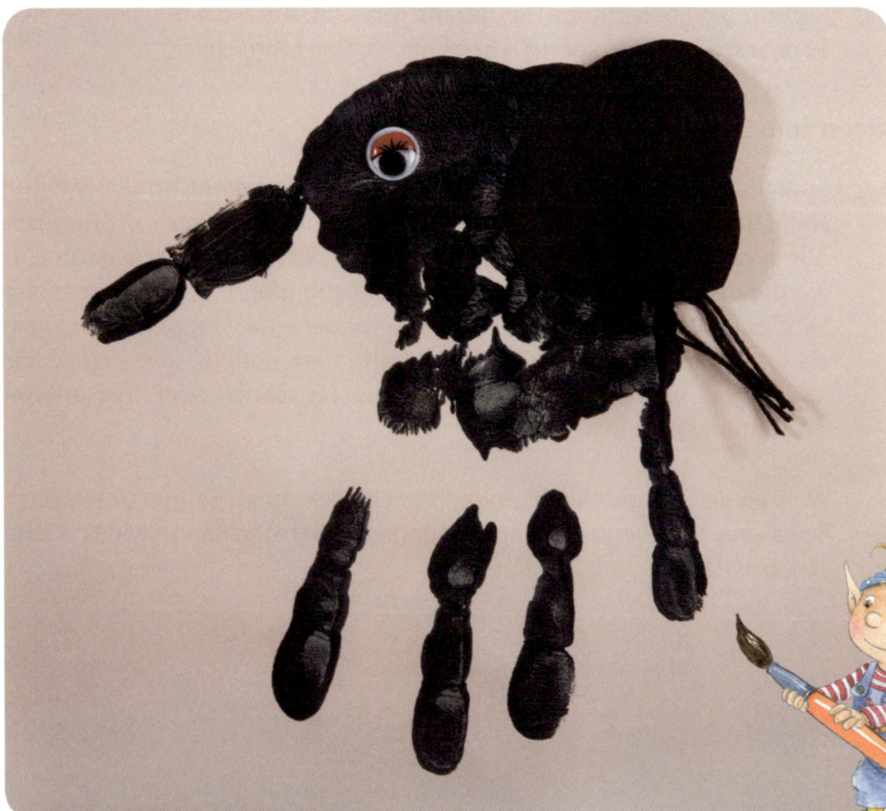

PDF

Elefant mit Fingerrüssel

Material

- Tonkarton
- Stifte
- spitze Schere
- Klebstoff

So wird's gemacht

Die Kinder malen den Elefantenkörper auf Tonkarton, schneiden ihn aus und bemalen ihn. Die Ohren werden extra ausgeschnitten und angeklebt. Hier können auch die Schablonen auf der CD genutzt werden. Das Loch über dem Mund wird vorsichtig mit einer spitzen Schere ausgeschnitten, für jüngere Kinder ist das evtl. noch zu schwierig, ältere schaffen es meist schon allein.

Steckt man den Zeigefinger durch das Loch, kann der Elefant seinen Rüssel bewegen und zum Lied tanzen.

14

Toumba, toumba

Text / Melodie: aus Israel überliefert

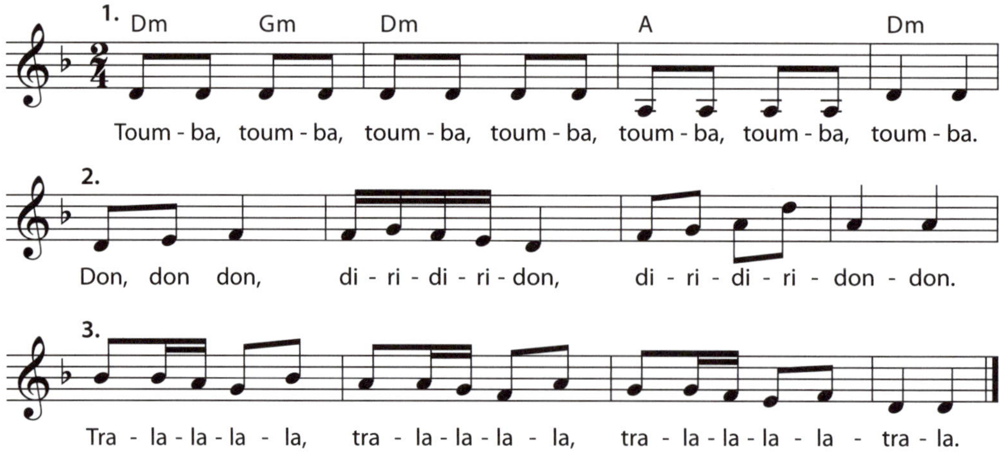

Material

- Holzinstrumente, z. B. Klanghölzer, Holzblocktrommel, Röhrentrommel
- Metallinstrumente, z. B. Triangel, Glöckchen, Schellen
- Rasseln, Shaker

Das Lied erarbeiten

Das fröhliche Lied aus Israel hat keinen sinnvollen Text, sondern besteht aus erfundenen Silben. Den meisten Kindern macht es gerade deshalb viel Spaß, weil sie gern mit Sprache spielen. Üben Sie am besten von Anfang an passende Bewegungen zum Lied, wobei jede Zeile mit einer anderen Geste begleitet wird:

Liedtext	**Aktion**
Toumba, toumba …	im Rhythmus stampfen
Don don don …	die Hände kreisförmig aneinanderreiben
Tralalalala …	im Rhythmus klatschen

Sobald die Kinder das Lied können, teilen Sie sie in drei Gruppen ein, von denen jede eine Zeile singt und die passende Bewegung dazu macht. Zunächst singen die Gruppen in der richtigen Reihenfolge nacheinander ihre Zeile und stehen dabei geordnet nebeneinander.

Wenn das klappt, wird gesungen, während alle Kinder im Raum herumgehen – zuerst gehen die Kinder einer Gruppe gemeinsam, später auch durcheinander. Weiß trotzdem noch jeder, welche Liedzeile die eigene ist und wann er dran ist?

Am schwierigsten ist das Singen im Kanon mit drei Gruppen. Üben Sie zuerst das Lied als „Mogelkanon" ein: Alle drei Gruppen beginnen gleichzeitig und wiederholen immer dieselbe Zeile des Liedes. Oft sind die Kinder selbst sehr beeindruckt von ihrem dreistimmigen Gesang. Älteren oder erfahreneren Kindern gelingt vielleicht sogar ein echter Kanon mit dem ganzen Lied und versetzten Einsätzen.

Das Lied begleiten

Soll das Lied begleitet werden, so bietet es sich auch hier an, für jede Zeile eine eigene Instrumentengruppe zu wählen. Suchen Sie gemeinsam mit den Kindern Instrumente aus, deren Klangfarben sich deutlich unterscheiden, z.B. Holzinstrumente (Klanghölzer, Holzblocktrommel, Röhrentrommel), Metallinstrumente (Triangel, Glöckchen, Schellen) und Rasseln. Die Instrumente wechseln sich zeilenweise ab.

Wenn genügend Instrumente von jeder Sorte vorhanden sind, erhält jedes Kind drei Instrumente, die es vor sich auf dem Boden platziert und an der richtigen Stelle zum Einsatz bringt. Diese Variante macht besonders viel Spaß, wenn das Lied mehrmals gesungen und dabei das Tempo gesteigert wird.

Weitere Ideen zum Lied

Stellen Sie die auf Seite 55 beschriebenen Tütenmasken her, mit denen die Kinder sich verkleiden und das Lied darstellen können. Vielleicht entwickelt sich ja sogar ein kleiner Tanz zur Musik.

Stampfrolle

Material

- Versandrolle
- Fingerfarben
- Glöckchen (3 – 4 pro Rolle)
- Hutgummiband
- durchsichtiges Klebeband
- Krepppapier- oder Stoffstreifen

So wird's gemacht

Die Kinder bemalen die Versandrolle nach ihren eigenen Wünschen mit Fingerfarben und lassen sie trocknen. Auf ein Hutgummiband fädeln sie drei bis vier Glöckchen auf und knoten das Band so zu, dass es sich über die Versandrolle streifen lässt. Am besten das Band einmal probeweise daranhalten und einige Zentimeter für den Knoten dazu geben, bevor das Gummiband abgeschnitten wird. Das fertige Glöckchenband wird über die Versandrolle gezogen und an einigen Stellen mit Krepppapier- oder Stoffstreifen verschönert, die unter dem Band durchgezogen und hängengelassen werden. Damit das Glöckchenband nicht verrutscht, wird es an drei Stellen mit Klebeband gesichert.

Die Stampfrolle wird im Sitzen gespielt, indem sie senkrecht gehalten rhythmisch auf den Boden gestampft wird. Je nach Länge der Rolle sitzt der Musiker dabei auf dem Boden oder auf einem Stuhl.

Tütenmaske

Material

- braune oder weiße Papiertüten
- Filzstift
- spitze Schere
- Schulmalfarbe
- Papprollen
- Material zum Verzieren, z. B. Federn, Krepppapier, Wollreste, Glitzer
- Klebstoff

So wird's gemacht

Achtung: Ganz am Anfang muss unbedingt mit den Kindern ein Gespräch darüber geführt werden, dass diese Bastelei nur für Tüten aus Papier gedacht ist. Plastiktüten eignen sich dafür auf keinen Fall und dürfen niemals über den Kopf gezogen werden (Erstickungsgefahr)!

Die Kinder arbeiten anfangs paarweise zusammen: Eines stülpt sich die Tüte über den Kopf und zeigt mit dem Finger die Position von Augen und – falls gewünscht – Mund an. Das andere macht an den gezeigten Stellen eine Markierung mit Filzstift. Danach wird gewechselt. Die Kinder schneiden dann bei ihrer eigenen Tüte an den angezeichneten Stellen Löcher für die Augen (und ggf. den Mund). Anschließend legt jedes seine Tüte flach auf den Tisch und kann sie bemalen, bedrucken und bunt verzieren. Mit der offenen Seite einer Papprolle können Kreise gedruckt werden.

15

Wetter-Rap

Text: Kati Breuer

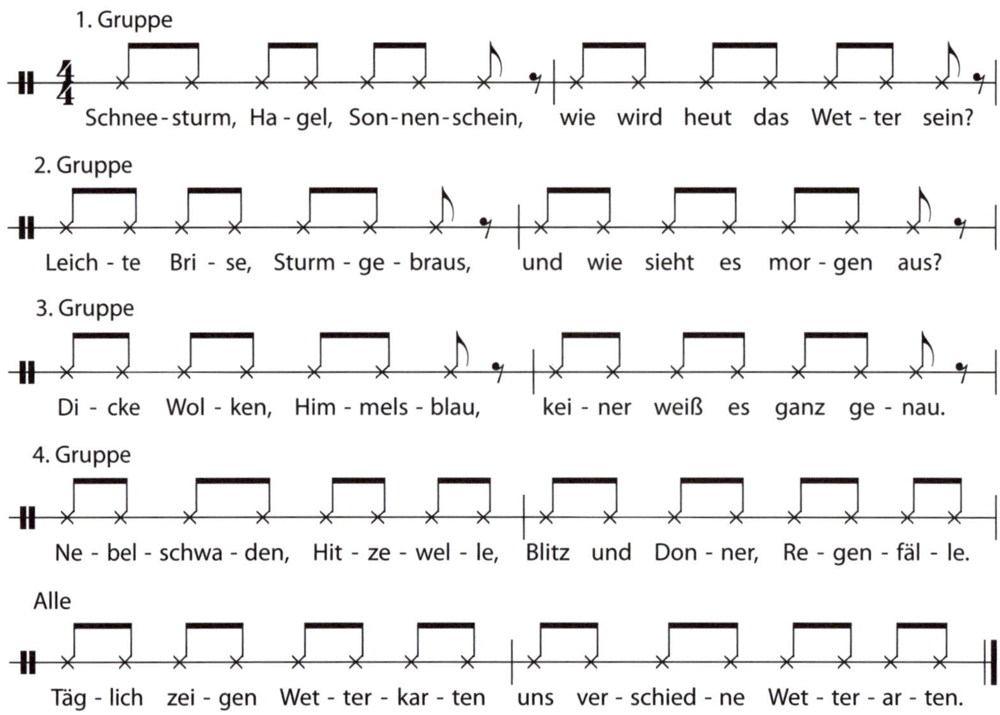

Material

- Boomwhackers
- Trommel für den Grundschlag

Das Lied erarbeiten

Sprechen Sie zunächst mit der Gruppe über das Wetter des aktuellen Tages. Wie sieht der Himmel heute aus? Ist er blau oder wolkenverhangen? Regnet es?

Tragen Sie im Anschluss sehr rhythmisch den Text des Wetter-Raps vor, am besten mehrmals. Dann kommen Körperinstrumente hinzu, z. B. klatschen, patschen oder mit dem Fuß tippen. Es ist nicht ganz einfach, gleichzeitig zu sprechen und mit den Körperinstrumenten im Rhythmus zu bleiben.

Mit der Stimme spielen

Testen Sie gemeinsam mit den Kindern verschiedene Silben, die wie ein Schlagzeug klingen, z.B. „bum“, „tschick“, „tscht“, „ztte“, „pff-t“. Die Kinder können daraus eine Rhythmusbegleitung zusammensetzen. Diese sprechen zuerst alle zusammen zur CD-Aufnahme, später wird die Gruppe geteilt in eine Mundschlagzeug- und eine Sprechgruppe.

Tipp: Probieren Sie die Rhythmusbegleitung auch einmal mit Boomwhackers, hier sind ganz andere Klänge möglich als nur mit der Stimme allein. Die Kinder singen oder sprechen einen Rhythmus in eine dieser Röhren hinein und sind meist überrascht und erfreut davon, wie sehr die Stimme dadurch verfremdet wird.

Das Lied begleiten

Bilden Sie vier Gruppen, die sich mit ein wenig Abstand voneinander aufstellen. Jede Gruppe übt eine Textzeile ein. Sobald die Kinder den Text können, wird der Wetter-Rap zusammengesetzt. Die letzte Zeile sprechen alle gemeinsam.

Spielen Sie selbst sehr regelmäßige Grundschläge dazu. Es ist wichtig, dass das Metrum stabil durchgehalten wird, damit die Kinder im richtigen Tempo sprechen. Deswegen sollte hier ausnahmsweise ein Erwachsener allein die Begleitung übernehmen.

Das Lied aufführen

Wenn die Kinder den Text sicher beherrschen, kann der Rap auch optisch eindrucksvoll aufgeführt werden. Die vier Gruppen stehen getrennt voneinander. Die Gruppe, die gerade ihre Zeile spricht, geht im Grundschlag im Gänsemarsch herum. Alle anderen stehen still. Bei der letzten Zeile müssen die Kinder besonders aufmerksam sein beim Gehen in vier Gruppen. Da der Rap nicht sehr lang ist, bietet es sich für die Aufführung an, ihn zweimal zu sprechen.

Weitere Ideen zum Lied

Erzählen Sie den Kindern eine kleine Wettergeschichte. Beim zweiten Durchgang untermalen die Kinder sie mit passend ausgewählten Instrumenten.

„Die Sonne scheint am Morgen, als Lukas mit seiner Mama in den Kindergarten fährt. Das Wetter wird wohl heute schön. Aber was ist das? Da schiebt sich eine dicke, schwarze Wolke vor die Sonne und macht den Himmel ganz dunkel. Es beginnt zu regnen. Zuerst nieselt es nur ein wenig. Jetzt wird der Regen stärker. Gut, dass Lukas und die Mama schon im Auto sitzen! Die Tropfen trommeln laut auf das Autodach. Immer lauter wird es, das kann kein Regen mehr sein, dass ist ja Hagel! Lukas sieht in der Ferne einen Blitz am Himmel und erschrickt ein bisschen. Wenige Sekunden später kracht der Donner. Hui, das war laut! Sie sind am Kindergarten angekommen und rennen schnell zur Eingangstür, damit sie nicht so nass werden. Der Wind pfeift um die Ecke und zerrt an ihren Kleidern und den Haaren. Puh, geschafft! Sie sind im Kindergarten. Als seine Mama Lukas in die Gruppe gebracht hat und wieder zum Auto geht, lässt der Regen nach, wird immer weniger und hört schließlich ganz auf. Der Wind ist auch nicht mehr so stark, aber kräftig genug, um die schwarze Wolke weg zu pusten. Schon ist der Himmel wieder blau und die Sonne scheint, als ob nichts gewesen wäre. Na, das ist ja ein Wetter heute, denkt die Mama und steigt ins Auto.“

Wetteruhr

Material

- Pappteller
- farbiges Papier
- Stifte
- Schere
- Holz-Wäscheklammer
- Locher
- Schnur
- Klebstoff

So wird's gemacht

Die Kinder teilen den Pappteller mit zwei Strichen durch den Mittelpunkt in vier gleich große „Tortenstücke". Jedes Viertel wird mit aus dem farbigen Papier geschnittenen Formen und ggf. Accessoires beklebt: mit einer Sonne, einer (Watte-)Wolke, einem Regenschirm und einer Schneeflocke. Der fertige Kalender bekommt ein Loch am Rand, durch das ein Stück Schnur zum Aufhängen gezogen wird.

Die Wäscheklammer wird mit einem farbigen Papierdreieck beklebt oder bunt bemalt. Sie dient als Anzeiger: Man kann sie jeweils an das Viertel des Tellers klemmen, welches das Wetter des Tages zeigt.

Windspiel

Material

- bunte Stoffreste (alte Kleidung eignet sich gut)
- dicke Perlen
- Schere
- Ast
- Paketschnur

So wird's gemacht

Die Kinder reißen die Stoffreste in 1 – 2 cm breite Streifen. Hilfreich ist es, wenn man den Stoff an der Stelle, an der gerissen werden soll, zuvor etwas einschneidet. Die Streifen werden so an den Ast geknotet, dass sie auf beiden Seiten gleich lang herunterhängen. An einigen oder auch allen Streifen fädeln die Kinder Perlen auf und sichern sie mit Knoten. Der Ast wird zum Schluss mit einer fest geknoteten Schlaufe aus Paketschnur versehen und quer aufgehängt. Hierbei benötigen jüngere Kinder meist etwas Unterstützung.

16

Herbstblätter fallen

Text/Melodie: Alexandra Ziegler

Material

- für jedes Kind mindestens zwei gepresste Herbstblätter (ersatzweise aus Tonpapier geschnitten)
- ein Haufen Herbstblätter oder Blätter aus Tonpapier
- Melodieinstrument, z. B. Flöte
- für glissando geeignete Instrumente, z. B. Xylofon, Metallofon, Glockenspiel, Klavier, Lotosflöte
- beliebiges Musikstück von CD

Das Lied erarbeiten

Setzen Sie sich mit den Kindern in einen Kreis und legen Sie die Blätter in die Mitte auf den Boden. Singen Sie nacheinander zu einer improvisierten Melodie für jedes Kind: *… (Lucia) darf zur Mitte gehen und sich zwei Blätter holen.*

Sobald alle Blätter verteilt sind, stehen die Kinder auf und verteilen sich im Raum. Spielen Sie eine improvisierte Musik zum Tanzen auf Ihrem Instrument, zu der sich die Kinder frei bewegen. Sie halten dabei in jeder Hand eines der Blätter, am besten am Stiel. Wenn die Musik kurz pausiert, erstarren die Kinder wie beim Stopptanz.

Um es interessanter zu machen, sagen Sie jeweils an, wohin die Blätter in der nächsten Musikpause gelegt werden sollen: auf den Kopf, beide in eine Hand, auf den Boden, je eins auf jede Schulter …

Holen Sie die Kinder wieder zum Kreis zusammen, jedes soll seine Blätter mitbringen. Sprechen Sie kurz über den Herbst und die fallenden Blätter, bevor Sie das Lied vorsingen. Die Kinder dürfen während des Singens in jeder Hand ein Blatt halten und es im Takt bewegen. Spannend ist es, die Blätter hochzuwerfen und ihr Herunterschweben zu beobachten.

Mit der Stimme spielen

Die Kinder empfinden das Heruntertrudeln der Blätter vom Baum nach, indem sie von einem hohen Ton ausgehend bis zu einem tiefen Ton ausseufzen. Teilen Sie sie in drei Gruppen ein und ordnen Sie jeder Gruppe eine Herbstfarbe zu (rot, gelb, braun). Sprechen Sie dann den überlieferten Vers für die verschiedenen Farben.

Falle, falle, gelbes Blatt, bis der Baum kein Blatt mehr hat, weggeflogen alle.

Darauf seufzen alle Kinder, die zu der gelben Gruppe gehören. Danach sind rote und braune Blätter dran, bis es ganz am Schluss für alle heißt:

Falle, falle, buntes Blatt …

Das Lied begleiten

Suchen Sie gemeinsam mit den Kindern Instrumente aus, auf denen man eine Abwärtsbewegung spielen kann: Xylofon, Metallofon, Gockenspiel, Klavier usw. sind geeignet, wenn man auf ihnen eine fließende Bewegung (glissando) macht. Einen besonders interessanten Effekt ergibt die Lotosflöte, auf der man stufenlos abwärts gleiten kann. Sie sollte jedoch aus hygienischen Gründen nicht von mehreren Personen gespielt werden.

Weitere Ideen zum Lied

Sehr beliebt ist das Blatt-Sauger-Spiel. Hierfür bilden Sie je nach Anzahl der Kinder zwei bis drei Gruppen und legen einen großen Haufen trockener Blätter in die Mitte des Raumes. Jede Gruppe bekommt einen leeren Korb, der mit Blättern gefüllt werden soll, und jedes Kind einen Strohhalm.

Zeitgleich läuft das erste Kind jeder Gruppe los, saugt mit Hilfe des Strohhalms ein Blatt an und läuft damit zum Korb, wo es das Blatt hineinfallen lässt. Erst dann darf das nächste Kind loslaufen, so gibt es keine Zusammenstöße im Eifer des Gefechts. Das Spiel geht so lange, wie ein Musikstück von einer CD, z. B. die Aufnahme des Blätterliedes, dauert. Schaffen es die Kinder gemeinsam, schneller fertig zu sein als die Musik?

Bunter Baum

Material

- Zeichenpapier
- Wachsstifte
- Fingerfaben in rot, gelb und orange
- Pappteller
- neue Spülbürste

So wird's gemacht

Die Kinder zeichnen zuerst mit Wachsstiften einen großen Baum ohne Blätter auf das Papier. Er soll möglichst das ganze Blatt ausfüllen, jüngere Kinder benötigen dabei meist Unterstützung. Es kann sinnvoll sein, dass ein Erwachsener die Form ein wenig vorzeichnet.

Geben Sie dann kleine Kleckse der Fingerfarbe auf einen Pappteller. Die Kinder nehmen die Farbe mit der Bürste auf und drucken sie als Herbstblätter auf den Baum. Es ergeben sich tolle Effekte, wenn sich die Farben an einigen Stellen mischen.

Blätterbild

Material

- Zeichenpapier
- Papiertaschentücher
- Schere
- Wasserfarben
- Wachsstifte
- evtl. Filzstift
- Klebstoff

So wird's gemacht

Die Kinder schneiden ovale Formen aus den Papiertaschentüchern aus und kleben sie verteilt auf das Zeichenpapier. Dabei sollte der Klebstoff auf das Papier gegeben werden und nicht auf die ausgeschnittenen Formen, weil diese sehr empfindlich sind und schnell reißen. Nach dem Trocknen des Klebstoffs werden die Konturen der Blätter mit Wachsstift umrandet. Als nächstes bemalen die Kinder jedes Blatt in einer Herbstfarbe und lassen die Arbeit wiederum trocknen. Zuletzt wird der Hintergrund mit (blauer) Wasserfarbe bemalt. Wenn die Kinder möchten, können sie mit dem Filzstift Stiele und Blattadern hinzufügen.

17

In meinem kleinen Apfel

Text: überliefert / Melodie: nach Wolfgang Amadeus Mozart

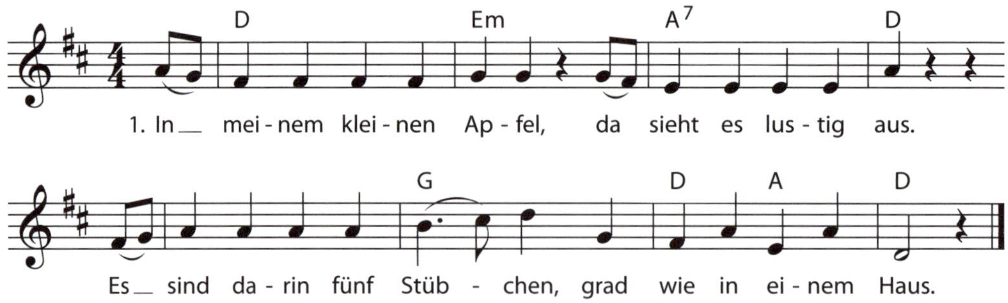

2. In jedem Stübchen wohnen zwei Kernchen schwarz und fein,
die liegen drin und träumen vom lieben Sonnenschein.

3. Sie träumen auch noch weiter gar einen schönen Traum,
wie sie einst werden hängen vom lieben Weihnachtsbaum.

Material

- Korb mit Äpfeln
- Messer
- Teller
- Melodieinstrument
- Rhythmusinstrumente

Das Lied erarbeiten

Bringen Sie einige Äpfel mit in die Gruppe und schneiden sie einen davon quer auf. Zeigen Sie den Kindern die kleinen Kammern, in denen die Apfelkerne liegen. Sprechen Sie den Text der ersten und zweiten Strophe, während Sie die Apfelhälften herumzeigen. Die Kinder können einmal nachprüfen, ob es wirklich fünf Stübchen im Apfel gibt und ob sie die beiden Kerne darin entdecken können. Letztere haben Sie vermutlich gerade durchgeschnitten, sodass sie nicht mehr ganz so leicht zu finden sein dürften.

Spielen oder summen Sie den Kindern die Melodie einmal vor. Danach singen Sie alle drei Strophen. Wer möchte, singt einfach mit. Singen Sie ein weiteres Mal, während Sie die restlichen Äpfel zerteilen, sie auf einen Teller legen und den Kindern zum Essen anbieten.

Das Lied begleiten

Verwenden Sie beliebige Rhythmusinstrumente, um die folgende, anspruchsvolle Begleitung einzuüben.

Die Kinder spielen zum Lied an vier Stellen (unterstrichene Silben) jeweils zwei Viertelnoten auf ihren Instrumenten und sprechen dabei das Wort „Ap-fel".

In meinem kleinen Ap-fel, da sieht es lus-tig aus.
Es sind darin fünf Stüb-chen, grad wie in ei-nem Haus.

Beim ersten Mal passt das mit dem Text zusammen, danach dann nicht mehr und ist deshalb viel schwieriger. Da man nicht gleichzeitig sprechen und singen kann, üben Sie am besten zunächst mit der CD-Aufnahme und machen selbst sehr deutlich mit, damit die Kinder sich an Ihnen orientieren können. Der nächste Schritt wäre dann, die Begleitung zur CD zu spielen und nicht mehr laut, sondern nur noch im Kopf das Wort „Ap-fel" zu sprechen. Ganz schwierig wird es, wenn Sie die CD weglassen und selber singen. Wer schafft es, die Begleitung auch dann an den richtigen Stellen zu spielen?

Weitere Ideen zum Lied

Ein schönes und bei vielen Kindern beliebtes Spiel ist es, einen Apfel so zu schälen, dass die Schale spiralförmig vom Fruchtfleisch getrennt wird. Besonders gut geht das mit einem Sparschäler. Das Apfel-Lied kann gemeinsam dazu gesungen werden. Was ist eher fertig, der Apfel oder das Lied?

Tipp: Da es gesünder ist, Äpfel ungeschält zu essen, verabreden Sie mit den Kindern, dass nur ein Apfel auf diese Art geschält wird, die anderen werden mit der Schale zerkleinert. Die Spiralen können zum Trocknen aufgehängt und später zur Zubereitung von Apfeltee verwendet werden. Dafür einfach die getrocknete Apfelschale mit kochendem Wasser übergießen und etwa fünf Minuten ziehen lassen.

Gewickelter Wollapfel

Material

- dicke Pappe
- Wasserglas
- Schere
- Stift
- Wollreste in grün, gelb und rot
- Klebstoff

So wird's gemacht

Die Kinder zeichnen eine Apfelform samt Stiel und Blatt auf die Pappe und schneiden sie aus. Gut geht das, wenn für den runden Apfel ein Wasserglas als Schablone verwendet wird, Stiel und Blatt werden dann einfach frei Hand dazu gemalt.

Mit einem kleinen Klecks Klebstoff befestigen die Kinder einen Wollfaden an der Apfelform. Danach wird der Faden mehrmals kreuz und quer so um den Apfel gewickelt, dass die Pappe nicht mehr zu sehen ist. Möglich ist auch die Verwendung von verschiedenen Farben. Das Ende des Fadens wird abgeschnitten und wiederum mit einem Tropfen Klebstoff gesichert. Die fertigen Äpfel können als hübsche Dekoration zusammen in eine Schüssel gelegt oder, mit einem Faden versehen, ans Fenster gehängt werden.

Walnuss-Apfel

Material

- Walnüsse
- Schulmalfarben in rot, gelb und grün
- Büroklammern
- grüne Filzreste
- Pinsel
- Schere
- Faden

So wird's gemacht

Die Kinder biegen eine Büroklammer vorsichtig auseinander und knicken sie dann in der Mitte. Aus Filz schneiden sie ein Blatt aus, das von der Größe her zu der Walnuss passt, schneiden ein kleines Loch hinein und fädeln es auf den Büroklammerdraht auf. Die Büroklammer wird dann in die Walnuss gesteckt, die an einem Ende eine Öffnung hat.

An diesem kleinen „Griff" lässt sich die Nuss gut festhalten, wenn sie anschließend mit roter, gelber oder grüner Farbe rundherum bemalt wird. Zum Trocknen kann die Nuss daran aufgehängt werden. Ganz zum Schluss wird die Büroklammer noch ein wenig weiter in den „Apfel" hineingedrückt.

18

Regenlied – Tzadik Katamar

Text / Melodie: aus Israel überliefert

Material

- für jedes Kind eine Trommel
- evtl. Regenmacher
- evtl. Spring-Drum (ersatzweise kann auf Pappkartons oder Stühlen getrommelt werden)

Das Lied erarbeiten

Spielen Sie zunächst eine kleine Regengeschichte mit den Händen. Lesen Sie den Kindern folgenden Text vor und machen Sie die passenden Bewegungen dazu.

Geschichte	Aktion
Die beiden Regenwürmer Fritz und Franz kriechen durch den Garten.	mit den Zeigefingern die Regenwürmer darstellen
Der Regen hat sie angelockt. Zuerst nieselt es nur ein bisschen,	mit den Fingerspitzen auf den Oberschenkeln wenige Tropfen darstellen
dann wird der Regen stärker.	mehr Tropfen darstellen

Schließlich regnet es richtig doll!	mit den Händen auf den Oberschenkeln trommeln
Fritz und Franz finden dieses Wetter natürlich besonders gut, sie kriechen fröhlich durch den Matsch.	mit den Zeigefingern die Regenwürmer darstellen
Der Regen hört wohl heute gar nicht mehr auf.	mit den Händen auf den Oberschenkeln trommeln
Es regnet, es regnet, es regnet gar so sehr,	weiter trommeln
der Wind bewegt die Bäume, die Bäume hin und her.	die Arme nach oben strecken und hin und her wiegen
Es blitzt	einmal klatschen
und es donnert,	stampfen
aber dort, schaut mal, da ist ein schöner, großer Regenbogen!	mit den Armen einen Bogen in die Luft malen
Die Kinder mögen ihn sehr, aber Fritz und Franz sind nicht so begeistert davon: Wo ein Regenbogen am Himmel steht, da ist ja auch die Sonne nicht weit. Regenwürmer mögen aber viel lieber richtig schönen Regen mit viel Matsch.	
Also kriechen Fritz und Franz lieber wieder in die Erde zurück	mit den Zeigefingern die Regenwürmer darstellen
und warten auf einen Tag mit besserem Regenwurm-Wetter.	

Singen Sie dann ohne weitere Erklärung das Regenlied vor und begleiten Sie es mit den Bewegungen, die schon in der Geschichte vorgekommen waren. Die Kinder singen sicher schon bald mit.

Mit der Stimme spielen

Die Kinder singen die erste Zeile mit Wiederholung abwechselnd auf die – sehr kurz und perkussiv gesprochenen Silben „pli" und „pla". Die beiden anderen Zeilen werden gesummt. Wenn im Text der Blitz vorkommt, wird einmal laut geklatscht. Beim Donner patschen die Kinder im Rhythmus auf die Oberschenkel und singen „bombom". Für diese Übung ist viel Konzentration nötig und sie gelingt meist nur den etwas älteren Kindern.

Das Lied begleiten

Die Kinder begleiten das Lied auf Trommeln. Mit den Fingerspitzen stellen sie den Regen dar und schlagen bei „es blitzt“ einmal mit der flachen Hand auf ihr Instrument. Der Donner wird mit einem kleinen Trommelwirbel untermalt. Beim Regenbogen streichen die Kinder kreisförmig über das Trommelfell. Wenn vorhanden, werden Regenmacher und Spring-Drum an den entsprechenden Stellen zusätzlich eingesetzt.

Das Lied aufführen

Lesen Sie den Text von Fritz und Franz vor, wenn Sie das Lied aufführen möchten, und begleiten Sie ihn mit den angegebenen Bewegungen. Der integrierte Liedtext wird diesmal nicht gesprochen, sondern gesungen und mit Instrumenten begleitet.

Regentropfenkette

Material

- Backpapier
- Wolle
- Klebstoff, der nach dem Trocknen durchsichtig ist

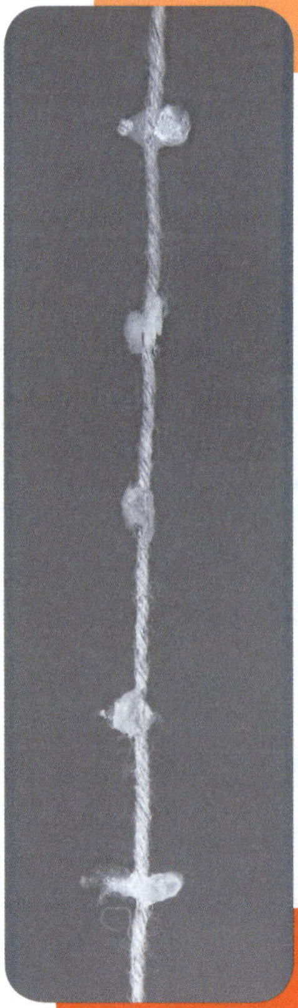

So wird's gemacht

Für jede Kette schneiden die Kinder ein Stück vom Wollfaden in der gewünschten Länge ab mit einigen Zentimetern Zugabe. An einem Ende machen sie eine Schlaufe, an der die Kette später aufgehängt wird. Der Faden wird dann als gerade Linie auf das Backpapier gelegt. Mit dem Klebstoff tropfen die Kinder in regelmäßigen Abständen auf den Faden. Hierbei müssen sie sehr behutsam vorgehen, damit nicht zu viel auf einmal aus der Flasche oder Tube herauskommt. Die Tropfenkette muss gut durchtrocknen, bevor man sie vorsichtig Stück für Stück vom Backpapier ablöst. An der Schlaufe wird sie ans Fenster gehängt.

Tipp: Mit weißem Bastelkleber lassen sich so auch hübsche Schneeflockenketten herstellen.

Regenschirmbild

Material

- Zeichenpapier
- farbige Muffinförmchen aus Papier
- Buntpapier
- Buntstifte
- Schere
- Klebstoff

So wird's gemacht

Jedes Kind sucht sich ein Muffinförmchen aus und faltet es in der Mitte, dieses wird der Regenschirm. Ein Körper (ohne Kopf) mit Füßen wird aus Buntpapier ausgeschnitten und aufgeklebt. Der Regenschirm kommt schräg darüber und erhält einen aufgemalten Stiel. Zum Schluss kleben oder malen die Kinder an den oberen Bildrand dicke Wolken mit herabfallenden Regentropfen.

19

Was ist groß wie ein Haus

Text: überliefert / Melodie: Susanne Peter

Material

- Orff-Instrumente
- Kastanien (Frucht und stachelige Hülle)
- evtl. Bild eines Kastanienbaumes

Das Lied erarbeiten

Sprechen Sie zuerst den Text des Liedes ohne zu verraten, wovon hier gesungen wird. Die Kinder machen dabei entsprechende Bewegungen zum Text: Sie machen sich groß *wie ein Haus*, klein *wie eine Maus*, verschränken die ausgestreckten Finger *stachlig wie ein Igel*, zeigen die nebeneinanderliegenden Handflächen bei *glatt wie ein Spiegel*. Vielleicht findet ja sogar jetzt schon jemand die Lösung des Rätsels heraus?

Legen Sie einige Kastanien mit und ohne stachelige Hülle bereit. Singen Sie das Lied noch einmal und zeigen Sie die Bestandteile bei den entsprechenden Textstellen, beginnend mit der Abbildung eines Kastanienbaumes bei *groß wie ein Haus*. *Klein wie eine Maus* ist die Frucht selbst, *stachlig* die grüne Hülle, *glatt* wieder die Frucht.

Mit der Stimme spielen

Die Kinder singen die Melodie auf Klangsilben, z. B. „mom", „ba" oder „nu". Probieren Sie am besten mehrere Durchgänge mit unterschiedlichen Silben aus. Auch bei jedem Textabschnitt lassen sich die Klangsilben abwechseln, sodass die Kinder immer eine bestimmte Silbe auf einem Atemzug singen, dann nachatmen und eine neue Silbe an der Reihe ist. Beliebt ist diese Übung vor allem dann, wenn man ein flottes Tempo singt und es gegen Ende noch einmal erhöht.

Das Lied begleiten

Ordnen Sie gemeinsam den vier Eigenschaften der Kastanie je ein Instrument zu: Welcher Klang passt jeweils zu groß, klein, stachlig (spitz), glatt?

Beim erneuten Singen werden dann die zuvor ausgesuchten Instrumente an der richtigen Stelle einmal kurz gespielt. Teilen Sie die Kinder dazu am besten in vier Gruppen ein. Sind nicht genügend Instrumente für jedes Kind vorhanden, machen Kinder ohne Instrument die passende Bewegung. Später wird natürlich gewechselt.

Weitere Ideen zum Lied

Jedes Kind bekommt zwei Kastanien und trägt sie durch den Raum, während Sie das Lied singen oder auf einem Melodieinstrument spielen. Wer kann beide Kastanien mit einer Hand tragen, sie auf dem Handrücken oder auf dem Kopf balancieren?

Danach werden alle Kastanien mit etwas Abstand zueinander auf den Boden gelegt. Die Kinder singen und gehen um die Kastanien herum, ohne auf eine zu treten oder sie zu berühren. Findet jeder seine eigenen Früchte wieder, wenn das Lied zu Ende ist? Am Schluss legt die ganze Gruppe gemeinsam eine lange Schlange, eine Spirale oder einen großen Kreis aus den Kastanien.

Tipp: Für diese Aktionen können Sie statt des Liedes auch nicht zu langsame Instrumentalmusik von einer CD einsetzen.

Kastanienkomet

Material

- große Kastanien
- Plastiktüten, z. B. Gemüsetüten aus dem Supermarkt, Einkaufstüten, Mülltüten
- Schere
- Kastanienbohrer (im Handel erhältlich)

So wird's gemacht

Aus einer Plastiktüte schneiden die Kinder drei bis vier etwa 1 cm breite Streifen. Die Kastanie wird mit dem Kastanienbohrer komplett durchbohrt, ggf. muss die Öffnung noch etwas vergrößert werden. Aus Sicherheitsgründen sollte bei jüngeren Kindern ein Erwachsener das Durchbohren übernehmen. Einfacher geht das, wenn die Kastanie in einer Schraubzwinge oder einem Nussknacker aus Holz fest eingespannt wird, sodass sie nicht mit der Hand festgehalten werden muss. Alle Plastikstreifen zusammen ziehen die Kinder durch das Loch und verknoten sie auf der anderen Seite. Fertig ist der Komet, der im Freien weit geworfen werden kann und dabei seinen langen bunten Schweif hinter sich herzieht.

Tipp: Lassen Sie die Kinder mit verschiedenen Materialien für den Schweif experimentieren. Es können Plastiktüten in verschiedenen Stärken (Gemüsetüte aus dem Supermarkt, Müllsack, Einkaufstüte …) oder Stoffstreifen verwendet und deren Flugeigenschaften verglichen werden. Auch die Anzahl der Streifen und deren Länge können die Kinder variieren. Welcher Komet fliegt am besten?

Kastanienspieße

Material

- durchbohrte Kastanien (s. Anleitung Kastanienkomet)
- Akkuschrauber
- lange Schaschlikspieße
- Perlen

So wird's gemacht

Jedes Kind nimmt sich so viele Kastanien, wie es alt ist, und fädelt diese im Wechsel mit bunten Perlen auf den Schaschlikspieß. Die Spieße können zum Vergleichen nebeneinander an die Wand gehängt werden. Oder man stellt sie als Dekoration in eine hohe Vase auf der Fensterbank oder steckt sie in Blumensteckmasse in einer Schale auf dem Tisch.

20

Die ungleichen Brüder (Musikstück)

Material

- Turngeräte oder Stühle
- Orff-Instrumente

Die Musik erarbeiten

Die Kinder hören sich die Musik zunächst einfach an. Sie besteht aus zwei sehr deutlich voneinander zu unterscheidenden Teilen – einem langsamen und einem schnellen. Die Musik lädt geradezu zu unterschiedlichen Bewegungen ein. Beim erneuten Hören vollziehen die Kinder die mehrfachen Wechsel des Tempos durch langsame, gemächliche und schnelle Hopser-Schritte nach.

Erzählen Sie der Gruppe dann, dass das Stück „Die ungleichen Brüder" heißt und überlegen Sie gemeinsam, was die beschriebenen Brüder wohl unterscheidet. Vielleicht ist einer jung und der andere sehr alt oder der eine groß und dick, während der andere klein und flink ist und sich deshalb schneller bewegen kann.

Hindernisparcours

Bauen Sie einige Sportgeräte oder Stühle als Hindernisparcours auf und laden Sie die Kinder dazu ein, diesen einmal langsam und einmal schnell zu überwinden – zunächst ohne Musik. Bei einem erneuten Durchgang spielen Sie das Stück dazu ein und die Kinder müssen unter Umständen mitten in der Bewegung das Tempo wechseln, was gar nicht so einfach ist und oft für viel Gelächter sorgt.

Lang- und Kurzklinger – Mitspielmusik

Lassen Sie die Kinder die vorhandenen Instrumente in Langklinger und Kurzklinger sortieren: Die Metallinstrumente (außer Schellen) klingen lange nach, die Holzinstrumente machen kurze Töne.

Platzieren Sie beide Instrumentengruppen mit etwas Abstand zueinander auf dem Boden und starten Sie die Musik: Im langsamen Teil sind die Langklinger an der Reihe mitzuspielen, im schnelleren die Kurzklinger. Sie können Ihre Gruppe entweder so aufteilen, dass jeweils die Hälfte der Kinder bei den entsprechenden Instrumenten sitzt oder Sie lassen alle Kinder beide Instrumente spielen. In diese Fall müssen alle nach Beendigung eines Teils, wenn die Musik eine winzige Pause macht, schnell zu der anderen Instrumentengruppe hinüberlaufen und dort weiterspielen. Diese Variante empfiehlt sich nur bei relativ kleinen Gruppen bis maximal zwölf Kinder, macht aber dann besonders viel Spaß.

Sind genügend Instrumente von jeder Sorte vorhanden, so kann natürlich auch jedes Kind je eines davon in der Hand halten und sich sogar gleichzeitig passend zur Musik bewegen.

Gruppenmemo-Spiel

Material

- Digitalkamera
- Drucker
- Fotopapier
- Pappe
- Schere
- Stoffsäckchen oder Schachtel zum Aufbewahren des fertigen Spiels
- Klebstoff

So wird's gemacht

Aus Pappe schneiden Sie doppelt so viele gleichgroße Karten zu, wie Kinder in Ihrer Gruppe sind.

Holen Sie sich jedes Kind einzeln zum Fotografieren. Dabei sollten Sie immer den gleichen Hintergrund und Abstand vom Kind wählen, damit die Bilder nachher einheitlich aussehen. Die fotografierten Kinder bemühen sich, zwei unterschiedliche Posen einzunehmen, zum Beispiel einmal fröhlich auszusehen und einmal traurig oder einmal den linken Arm zu heben und einmal den rechten. Je feiner die Unterschiede sind, desto schwieriger ist später das Spiel. Drucken Sie alle Fotos aus und kleben Sie sie auf die vorbereiteten Karten, fertig ist das ganz persönliche Gruppenspiel. Es wird nach den bekannten Memo-Regeln gespielt. Den Karton oder das Säckchen zum Aufbewahren der Karten können die Kinder nach Wunsch bunt gestalten.

Tipp: Viele Foto-Anbieter haben Spiele, unter anderem auch das Memo-Spiel, im Angebot. Soll Ihre Ausgabe besonders haltbar sein, so lohnt sich der professionelle Druckauftrag auf jeden Fall.

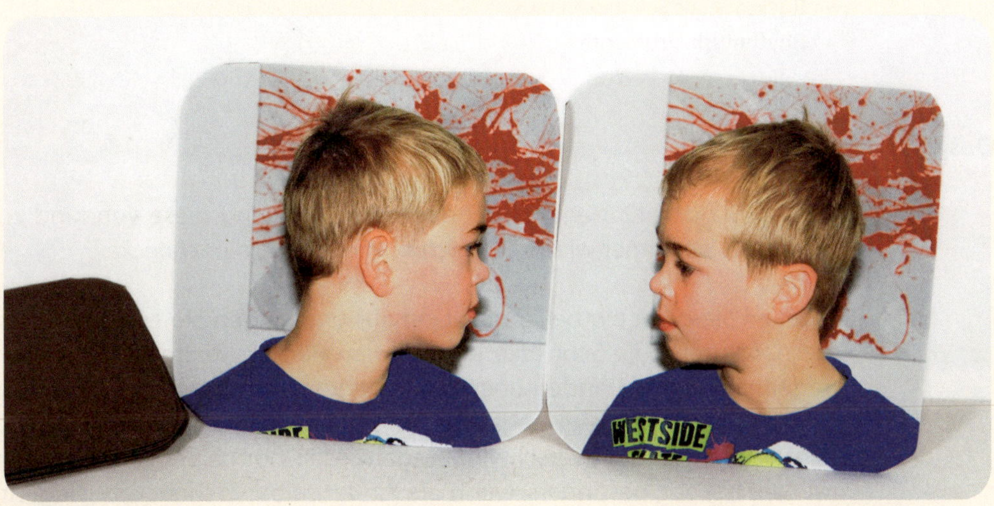

21

Die Schni-, die Schna-, die Schnecke

Text / Musik: Kati Breuer

Unter unsrer Hecke …
2. Mit den Fühlern kann sie sehn, langsam nur spazieren gehn,
die Schni-, die Schna-, die Schnecke, dort unter unsrer Hecke.

Unter unsrer Hecke …
3. Hält im Winter lange Ruh, macht dafür ihr Häuschen zu,
die Schni-, die Schna-, die Schnecke, dort unter unsrer Hecke.

Material

- Schneckenfigur (selbstgebastelt oder Stofftier)
- Pfeifenputzer
- Stirnband (aus Tonkarton – geschnitten und getackert – oder gekauft)
- Rucksack (als Schneckenhaus)
- Rhythmusinstrumente

Das Lied erarbeiten

Stellen Sie den Kindern die Schnecke vor. Während diese von Kind zu Kind kriecht, sprechen Sie immer wieder: *Die Schni-, die Schna-, die Schnecke.*

Wählen Sie dann ein bekanntes Lied aus und singen Sie es gemeinsam mit den Kindern, während die Schnecke hinter Ihrem Rücken versteckt ist. Holen Sie sie in unregelmäßigen Abständen unerwartet hervor. Immer, wenn Sie die Schnecke zeigen, singen alle das Lied viel langsamer, im Schneckentempo. Sobald die Schnecke wieder hinter Ihrem Rücken verschwindet, geht es in normalem Tempo weiter. Dieses Spiel ist sehr beliebt, besonders, wenn die Kinder selber "Schnecken-Dirigent" sein dürfen.

Stellen Sie danach das neue Schneckenlied vor. Es ist so einfach, dass alle sicher schnell mitsingen können. Sobald die Kinder das Lied beherrschen, kann wieder ein „Schnecken-Dirigent" das Tempo bestimmen.

Das Lied begleiten

Die Kinder begleiten in der letzten Zeile immer die Silben „Schni-", „Schna-", „Schne-" mit Klatschen oder auf Instrumenten. Es ist gar nicht so leicht, nur an diesen wenigen Stellen zu spielen.

Vielleicht muss die Begleitung zunächst gesondert geübt werden, indem alle gemeinsam den Text sprechen und an den richtigen Stellen spielen. Später klappt es sicher auch beim Singen.

Die Zeile „Die Schni-, die Schna-, die Schnecke, dort unter unsrer Hecke" eignet sich gut als Vor-, Zwischen- und Nachspiel. Sie kann gesprochen und geklatscht oder mit Instrumenten begleitet werden.

Weitere Ideen zum Lied

Das Schneckenlied kann auch gut zum Sprechzeichnen genutzt werden. Während der Text sehr rhythmisch gesprochen wird oder die Kinder das Lied singen, zeichnen sie mit weiten Bewegungen eine Spirale (Schnecke) auf großformatiges Papier – eine gute Vorübung zum Schreibenlernen. Wer schafft es auch einmal mit der anderen als der gewohnten Hand? Oder sogar mit beiden Händen gleichzeitig?

Das Lied aufführen

Die Kinder werden in Musiker und Schauspieler aufgeteilt. Jedes Schnecken-Kind bekommt zwei Fühler – ein Stirnband, an dem Pfeifenputzer befestigt werden. Als Schneckenhaus dient ein Rucksack. Ist genug Zeit zum Vorbereiten, so kann der Rucksack mit Kartonkreisen versehen werden, auf die die Kinder eine Spirale malen, und die mit doppelseitigem Klebeband befestigt werden.

So verkleidet, spielen die Kinder den Text, indem sie sehr langsam hin und her gehen, ihre Fühler präsentieren usw.

Die Musiker übernehmen die Begleitung der Silben „Schni-", „Schna-", „Schne-". Auch sie können eine einfache Verkleidung erhalten, z. B. aus Papier gefaltete Hüte mit aufgeklebten Noten.

CD-Schnecke

Material

- CD (Rohling oder ausrangiert)
- Tonpapier in zwei verschiedenen Farben
- Pfeifenputzer
- Glitzersteinchen oder Pailletten
- Stift
- Schere
- Klebstoff

So wird's gemacht

Die Kinder zeichnen mit Hilfe der CD als Schablone auf beide Tonpapiersorten je einen Kreis. Bei einem davon wird der Schneckenkörper dazu gezeichnet. Beide Teile werden ausgeschnitten. Der Kreis ohne den Körper wird zum Schneckenhaus.

Auf den Schneckenhaus-Kreis zeichnen die Kinder eine Spirale und schneiden an ihr entlang. Wenn sie damit fertig sind, muss die Spirale noch ein zweites Mal nachgeschnitten werden, diesmal von der Mitte nach außen und mit einigen Millimetern Abstand zur ersten. Dieser Schritt ist etwas schwieriger, einige Kinder benötigen dabei vielleicht ein wenig Hilfe. Sowohl für den Schneckenkörper als auch für die Spirale können die Schablonen auf der CD genutzt werden.

Die fertige Spirale wird auf die CD geklebt und nach Belieben mit Glitzersteinchen oder Pailletten verziert. Die Kinder kleben dann das komplette Schneckenhaus auf den Körper der Schnecke, malen ihr ein Gesicht und kleben ihr Fühler aus Pfeifenputzern an.

Tipp: Jüngere Kinder bekleben die CD statt mit der schwierigen Spirale mit Papierschnipseln in Schneckenform.

Knopfschnecke

Material

- bunte Knöpfe
- Packpapier
- Schere
- Stifte
- Zeichenpapier
- Klebstoff

So wird's gemacht

Aus Packpapier schneiden die Kinder einen (oder auch mehrere) Schneckenkörper aus und kleben ihn auf Zeichenpapier. Das Schneckenhaus entsteht aus einem aufgeklebten Knopf. Auge, Mund und Fühler werden dazugemalt. Wer möchte, malt für die Schnecke einen Weg zum Kriechen, Blumen oder Blätter.

Tipp: Auf eine neutrale Postkarte geklebt, ergibt diese einfache Bastelei einen originellen Gruß, z. B. zum Geburtstag.

22

Wir spielen heut Gespenster

Text/Melodie: Kati Breuer

2. Huhuhu, wir spielen heut Gespenster,
huhuhu, wir heulen vor dem Fenster.
Huhuhu, alle zittern in den Betten,
denn wir rasseln mit den rostigen Rasselketten,
wir rasseln mit den rostigen Rasselketten.

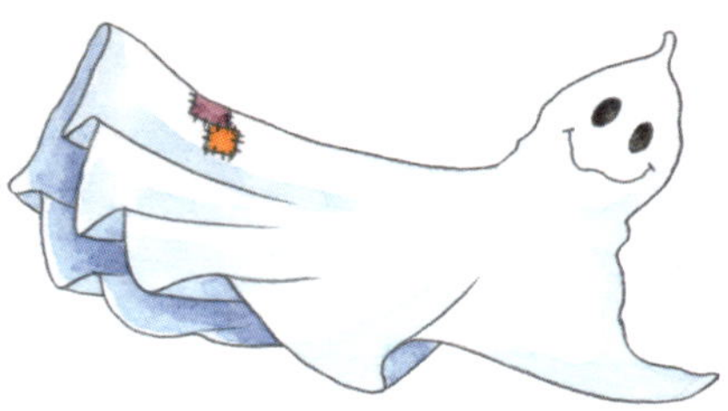

Material

- weiße Chiffontücher
- Schellen- oder Glöckcheninstrumente
- CD mit beliebiger Instrumentalmusik, z. B. „Kriminacht“ von der CD „Djingalla 2“

Das Lied erarbeiten

Mit den weißen Tüchern verkleiden sich die Kinder als Gespenster, die zur Instrumentalmusik frei durch den Raum tanzen. Tanzen Sie am besten selbst mit und regen Sie die Kinder zum Schleichen, Schweben, Kichern und Aufheulen an. Gerne gespielt wird auch ein Gespenster-Stopptanz. Dabei muss niemand ausscheiden, es geht nur um die Freude an der Bewegung.

Legen Sie Schellen- und Glöckcheninstrumente in der Mitte des Raumes auf den Boden. Binden Sie Ihr Gespenstertuch um den Kopf und singen Sie das Lied vor. An der Stelle mit den rostigen Rasselketten gehen Sie in die Mitte, holen sich ein Instrument und begleiten den Text, die Kinder machen es nach. Wiederholen Sie dies mehrfach.

Mit der Stimme spielen

Gespenstergeheul bietet sich geradezu für Experimente mit der Stimme an. Zeigen Sie mit der Hand in der Luft die Tonhöhe an, von ganz hoch bis ganz tief, welche die Kinder mit der Stimme ausloten. Auch wellenförmige Bewegungen mit dem Finger lassen sich prima heulen, die Lautstärke kann ebenfalls variiert werden: Große, starke Gespenster heulen laut, klitzekleine Gespenster hauchen nur ganz leise. Probieren Sie aus, was Ihrer Gruppe am besten gefällt.

Tipp: Wenn Sie eine Tafel zur Verfügung haben, können Sie den Weg, den die Stimme nehmen soll, auch aufmalen und mit dem Finger daran entlangfahren. Entsprechend in Form gelegte Seile auf dem Boden erfüllen denselben Zweck, hier können die Kinder den Weg der Stimme nicht nur sehen, sondern sogar daran entlanggehen.

Das Lied begleiten

Jedes Kind bekommt ein Instrument, sein Gespenstertuch trägt es auf dem Kopf. Alle schleichen singend durch den Raum und halten dabei die Instrumente so, dass kein Geräusch zu hören ist. Das geht am besten, indem man die Schellen mit einer Hand festhält oder das ganze Instrument an den Körper drückt. Erst am Schluss, wenn von den rostigen Rasselketten gesungen wird, erklingen die Instrumente. Besonders schwierig ist der Übergang vom Spielen zum Stillhalten nach der ersten Strophe.

Weitere Ideen zum Lied

Spielen Sie mit den Kindern ein Gespenster-Fingerspiel.

Text	**Aktion**
Fünf Gespenster, *die heulen vor dem Fenster.*	fünf Finger zeigen
Das erste schwebt herein, huhu.	Daumen zeigen
Das zweite machte die Türe zu.	Zeigefinger zeigen, Türknarren mit der Stimme nachahmen
Da kommt auch schon das dritte an *und zeigt, wie gut es fliegen kann.*	Mittelfinger zeigen
Das vierte Gespenst, das kichert laut,	Ringfinger zeigen, kichern
da kriegt man ja 'ne Gänsehaut!	
Das fünfte, das kleinste, das guckt ganz keck	kleinen Finger zeigen, mit beiden Daumen und Zeigefingern eine Brille um die Augen andeuten
und schon fliegen alle Gespenster weg.	Hand hinter dem Rücken verstecken

Das Lied aufführen

Das Lied eignet sich sehr gut für eine Aufführung. Die Kinder können selbst verkleidet auftreten oder aber selbstgebastelte Gespenster-Stabpuppen verwenden. Als rostige Rasselketten dienen wiederum Schelleninstrumente. Die Gespenster schweben über die Bühne, auf der einige Kinder „schlafend" auf dem Boden liegen, sind anfangs ganz leise und spielen am Schluss laut die Schellen.

Flaschengeist

Material

- durchsichtige Plastikflaschen mit großer Verschlussöffnung
- weißer Tonkarton
- weiße Federn
- schwarzer Stift
- Stopfnadel
- weißer Faden
- Holzperlen
- Schere
- Klebstoff

So wird's gemacht

Die Kinder schneiden ein Gespenst aus weißem Tonkarton, das kleiner ist als der Durchmesser der Flasche und malen ihm ein Gesicht auf. Das Gespenst wird von jeder Seite mit einer weißen Feder beklebt. Mit Hilfe der Stopfnadel wird ein Faden zuerst durch den Gespensterkopf gezogen und dann durch den Deckel der Flasche. Letzteres geht vielleicht etwas schwer, dann hilft ein Erwachsener mit. Nun wird das Gespenst in die Flasche gesteckt und der Deckel zugedreht. Die Länge des Fadens kann jetzt ggf. noch korrigiert werden. Außen am Deckel sichert eine auf den Faden gezogene und festgeknotete Perle das Gespenst.

Gespenster-Stabpuppe

Material

- weiße, quadratische Stoffstücke
- Zeitungspapier
- Geschenkband
- Holzstab oder Ast
- Wasserfarben
- Pinsel
- Schere

So wird's gemacht

Aus Zeitungspapier knüllen die Kinder einen Ball und legen ihn in die Mitte des Stoffstücks. Die Ecken des Stoffs werden dann zusammen hochgenommen und der Stoff wird unterhalb des Balls mit einem Stück Geschenkband abgebunden. Am besten geht das zu zweit: Einer hält fest, der andere bindet das Band an. Der Gespensterkopf wird mit Wasserfarben bemalt. Zuletzt schieben die Kinder den Stab in den „Hals" des fertigen Gespensts.

23

Heut feiern wir Laternenfest

Text: überliefert

Melodie: überliefert aus den USA „Oh when the Saints“

2. Und wenn die Sonne untergeht
und wenn der Mond am Himmel steht.
Oh ja, da möcht ich auch dabei sein,
heut feiern wir Laternenfest.

3. Dann werden Lichter angemacht,
wir leuchten durch die dunkle Nacht.
Oh ja, da möcht ich auch dabei sein,
heut feiern wir Laternenfest.

4. Und wenn wir durch die Straßen ziehn,
dann fühlt man tief im Herzen drin:
Oh ja, da möcht ich auch dabei sein,
heut feiern wir Laternenfest.

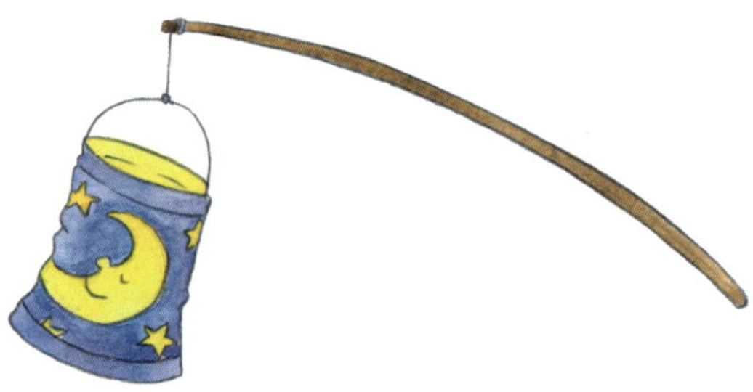

Das Lied erarbeiten

Die Melodie des Liedes ist möglicherweise einigen Kindern bekannt, sie wird z. B. mit verschiedenen Texten in Fußballstadien gesungen. Ursprünglich stammt sie von dem amerikanischen Spiritual „Oh when the Saints“. Das Lied sollte recht schwungvoll gesungen werden. Durch den einfachen Text mit der sich stets wiederholenden zweiten Zeile ist keine lange Einführung nötig, die Kinder werden rasch von selbst mitsingen, wenn Sie ihnen das Lied durch eigenes Singen vorstellen.

Das Lied begleiten

Regen Sie die Kinder dazu an, in jedem Takt immer auf 2 und 4 zu klatschen. Das Lied bekommt dadurch besonders viel Schwung.

Da die zweite Hälfte des Liedes *Oh ja, da möcht' ich auch dabei sein* … in jeder Strophe gleich bleibt, bietet es sich hier besonders an, die Kinder aufzuteilen. So können die ersten Teile der vier Strophen jeweils wechselnd von einem Kind als Solist übernommen werden oder vier kleine Gruppen sind für jeweils einen Vers zuständig. Gerne singen besonders Schulkinder auch in zwei Gruppen abwechselnd: Die erste und dritte Strophe übernehmen die Mädchen, Strophe 2 und 4 hingegen die Jungen oder umgekehrt.

In der aufgeteilten Form kann das Lied gut als Begrüßung für ein Laternenfest dienen.

Weitere Ideen zum Lied

Strophen erfinden

Schulkindern kann der Text als Schreibanlass dienen: Wer erfindet weitere Strophen? Selbst Kindergartenkindern gelingt dies zum Teil schon, wenn ihnen jemand beim Aufschreiben hilft.

Taschenlampenkino mit selbstgemalten Bildern

Lassen Sie die Kinder zu jeder Strophe, auch zu neu erfundenen, ein Bild malen. Hängen Sie alle Bilder der Reihenfolge nach an einer Wäscheleine auf und verdunkeln Sie den Raum für das Taschenlampenkino: Alle gemeinsam singen alle Strophen und gehen dabei an der Bilderreihe entlang, während Sie das jeweils zur Strophe gehörende Bild mit einer Taschenlampe beleuchten.

Hindernisparcours mit Laterne

Bauen Sie in der Turnhalle einen Hindernisparcours aus Geräten auf, den die Kinder mit einer Laterne (ohne Kerze bzw. mit einem elektrischen Licht) in der Hand überwinden müssen. Wer schafft es, ohne dass die Laterne herunterfällt oder aus der Hand gelegt werden muss?

Eimerlaterne

Material

- durchsichtiges Kunststoffeimerchen, z. B. von Kartoffelsalat
- Strohseide oder Transparentpapier
- Feder
- Geschenkband
- Schere
- batteriebetriebener Laternenstab
- Klebstoff

So wird's gemacht

Die Kinder zerschneiden die Strohseide in kleine Stücke. Am besten geht das, wenn sie zunächst Streifen anfertigen und von diesen dann Stücke abschneiden. Die Strohseide wird mit Klebstoff auf den Eimer geklebt. Eine Schicht genügt, denn die Laterne soll ja auch noch leuchten. Nach dem Trocknen wird der Eimer nach Wunsch mit Federn und Geschenkband verziert. Die fertige Laterne wird an einem batteriebetriebenen Stab getragen, als Aufhängung dient dabei der Henkel des Eimers.

Achtung: Plastiklaternen eigenen sich wegen der Wärmeentwicklung nicht für echte Kerzen!

Tipp: Ähnliche Laterne können aus Plastikflaschen entstehen, hier müssen dann allerdings für die Aufhängung Löcher in den Flaschenhals gebohrt werden, durch die ein Draht oder ein Stück Schnur gezogen werden kann.

Leuchtmonster

Material

- einfache Laterne ohne Motiv (fertig gekauft)
- Schnur
- Tonpapier
- Material zum Verzieren, z. B. Luftschlangen, Federn, Perlen, Wollreste
- Schere
- Laternenstab und Kerze oder batteriebetriebener Laternenstab
- Klebstoff

So wird's gemacht

Zunächst werden insgesamt vier „Hexentreppen" gebraucht, für jede schneidet man zwei etwa 1 cm breite Streifen von der langen Seite eines Bogens Tonpapier ab. Diese werden im rechten Winkel zueinander gelegt und die beiden Enden aufeinander festgeklebt. Danach wird die Hexentreppe gearbeitet, indem immer der untere Streifen über den anderen gefaltet und etwas festgedrückt wird. Die Faltanleitung ist illustriert auf der CD zu finden. Ist die gewünschte Länge erreicht, werden die Enden festgeklebt und die Kinder ziehen die Hexentreppe etwas auseinander.

Danach hängen sie ihre Laterne mit Hilfe einer Schnur so auf, dass sie alle Seiten gut erreichen können, z. B. an der Kindergarderobe oder an einer Türklinke. Nun geht es ans Verzieren: Aus der fertigen Laterne wird der Monsterkörper, der zunächst Arme und Beine aus den Hexentreppen angeklebt bekommt.

Die weitere Ausgestaltung denkt sich jedes Kind selbst aus. Es können Augen ausgeschnitten und angeklebt werden, das Monster kann Luftschlangenhaare oder Federn als Ohren haben und vieles mehr. Zum Schluss wird die fertige Laterne mit dem Stab ausgestattet.

24

Die Eisenbahn

Text: Carla Häfner

Melodie: überliefert („In dem Wald, da steht ein Haus“)

2. Auf die Berge, hoch und nieder, rauf und runter, immer wieder.
Auf die Berge, hoch und nieder, immer, immer wieder.
Auf der Brücke, ja, da kracht es, kracks-kracks-kracks, o ja, so macht es.
Auf der Brücke, ja, da kracht es, plumps und platsch, so macht es.

Material

- Orff-Instrumente
- Latin Percussion-Instrumente, vor allem Shaker, Guiro und Cabasa
- je ein Kreis aus rotem und grünem Tonkarton

Das Lied erarbeiten

Die Kinder bilden eine lange Schlange, indem sie die Hände auf Schultern oder Hüften des Vordermannes legen. Singen Sie zunächst – nicht zu schnell – nur die beiden ersten Zeilen des Liedes, während die Eisenbahn durch den Raum fährt. Nach diesem kurzen Stück hält die Bahn an, das vordere Kind geht nach hinten und hängt sich dort an, sodass die Bahn einen neuen Anführer hat, der während der nächsten beiden Zeilen bestimmt, wo die Bahn entlang fährt. Dies wird solange fortgesetzt, bis jeder einmal vorne war. Bei einer größeren Gruppe, wenn zu viele Wiederholungen nötig wären, können natürlich auch zwei Eisenbahnen gleichzeitig fahren.

Mit der Stimme spielen

Erzählen Sie den Kindern eine kleine Geschichte und begleiten Sie diese gemeinsam mit der Stimme.

„Die kleine Dampflok Emma fährt auf ihren Schienen nach Schwändi in der Schweiz. Dabei klingt sie so: „sch-sch-sch nach Schwändi in der Schweiz". Zuerst fährt sie ganz langsam los: *(langsam)* „sch-sch-sch nach Schwändi in der Schweiz", dann wird sie ein bisschen schneller *(schneller)* „sch-sch-sch nach Schwändi in der Schweiz". Emma schnauft über die Brücke „sch-sch-sch nach Schwändi in der Schweiz" und dann einmal links herum „sch-sch-sch nach Schwändi in der Schweiz". Jetzt geradeaus „sch-sch-sch nach Schwändi in der Schweiz" und rechts herum „sch-sch-sch nach Schwändi in der Schweiz". Oje, Emma muss einen Berg hinauf, das ist aber anstrengend. Emma wird immer langsamer *(langsamer werdend)* „sch-sch-sch nach Schwändi in der Schweiz". Zum Glück geht es auf der anderen Seite wieder hinunter, hui, da wird Emma aber schnell *(schneller werdend)* „sch-sch-sch nach Schwändi in der Schweiz". Jetzt hat sie richtig Schwung und flitzt so schnell sie kann *(mehrmals schnell)* „sch-sch-sch nach Schwändi in der Schweiz". Toll, Emma ist angekommen „sch-sch-sch in Schwändi in der Schweiz". Jetzt darf sie sich erstmal etwas ausruhen in „sch-sch-sch in Schwändi in der Schweiz". Gut gemacht, Emma! Und heute Abend geht es dann wieder zurück."

Das Lied begleiten

Um das typische sch-sch-sch-Geräusch der Eisenbahn nachzuahmen, suchen die Kinder aus einer möglichst großen Auswahl an Instrumenten solche aus, die gut dazu passen. Es eignen sich z. B. Shaker, Ratschinstrumente (Guiros) und ganz besonders die Cabasa, ein Instrument aus Lateinamerika. Sie wird bei diesem Lied am besten so gespielt, dass eine Hand flach an die Perlenkette gelegt wird, während die andere ruckartig den Griff bewegt.

Tipp: Beziehen Sie zwei Holzklötze, z. B. Bausteine, mit grobem Sandpapier. Diese machen ein tolles Eisenbahngeräusch, wenn man sie aneinander reibt.

Singen Sie das Lied einmal langsam, einmal etwas schneller. Alle begleiten es entsprechend mit den Instrumenten.

Weitere Ideen zum Lied

Bauen Sie in der Turnhalle einige Geräte als Hindernisse auf. Die Kinder bilden wieder hintereinander eine Eisenbahn. Diese fährt zum Lied durch den Raum und umfährt dabei die Hindernisse oder überquert sie auch einmal.

Tipp: Variieren Sie bei diesem Angebot das Singtempo mehrmals von ganz langsam bis sehr schnell und fordern Sie die Kinder auf, entsprechend schnell oder langsam zu laufen. Bauen Sie ein Signal ein, für das Sie je einen roten und grünen Kreis aus Tonkarton ausschneiden. Reihum darf jedes Kind einmal Signalgeber sein und den Zug mit dem roten Kreis zum Anhalten, mit dem grünen zum Weiterfahren bringen.

Buchstabenzug

Material

- farbiges Tonpapier
- Knöpfe
- Moosgummi-Buchstaben
- Watte
- Stifte
- Schere
- Klebstoff

So wird's gemacht

Jedes Kind sucht sich zunächst (ggf. mit Hilfe) die Buchstaben seines Vornamens heraus. Je mehr Buchstaben der eigene Name hat, desto länger wird der Zug.

Die Kinder schneiden aus dem farbigen Tonpapier eine Lok für den ersten Buchstaben und einfache rechteckige Waggons für jeden weiteren aus. Als Räder werden Knöpfe angeklebt, die Lok wird mit einer Wattewolke verziert. Der Anfangsbuchstabe des Namens kommt auf die Lok, alle anderen werden auf die Waggons verteilt. Nun kann jedes Kind seinen Namen richtig zusammenlegen und dies immer wieder üben. Man kann die Eisenbahn aber auch in der richtigen Reihenfolge auf ein Blatt Tonpapier kleben.

Landschaftsteile für die Holzeisenbahn

Material

- Holzstücke in verschiedenen Formen, möglichst naturbelassen (Eltern nach Stücken vom Kaminholz fragen oder im Wald sammeln)
- Schulmalfarben
- Klarlack
- Pinsel

So wird's gemacht

Die Holzstücke müssen sehr gut getrocknet sein. Jedes Kind sucht sich eins der Holzstücke aus und gestaltet es mit Pinsel und Farbe ganz nach seinen eigenen Vorstellungen als Haus, Felsen, Pflanze usw. Die Stücke sollten hinterher noch einen Klarlack-Überzug bekommen, damit sie haltbarer werden.

Ist alles getrocknet, bauen die Kinder die Holzeisenbahn auf, dekorieren die neuen Zubehörteile dazu und das Spiel kann beginnen.

Tipp: Wenn kein Naturholz kostenlos zu bekommen ist, können Sie im Bastelbedarf welches kaufen. Gelegentlich werden auch auf Weihnachtsmärkten abgeschliffene Holzreste angeboten.

25

Schattenspiele (Musikstück)

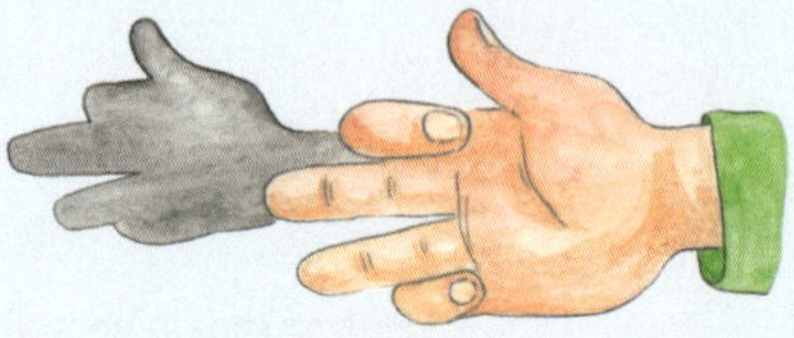

Material

- für jedes Kind ein Glöckchen
- mehrere Taschenlampen

Die Musik erarbeiten

Die Kinder hören zunächst die Musik einmal an. Regen Sie sie dazu an, dabei den Rhythmus mit dem Zeigefinger auf den Oberschenkel zu tippen. Beim zweiten Hören bekommt jedes Kind ein Glöckchen, mit dem es den Rhythmus mitspielen kann, bei einem dritten Durchgang laufen die Kinder mit den Glöckchen durch den Raum.

Erzählen Sie den Kindern, dass das Stück „Schattenspiele" heißt und überlegen Sie gemeinsam, was Ihnen zu diesem Titel einfällt. Wenn möglich, verdunkeln Sie den Raum und lassen die Kinder mit einigen Taschenlampen frei zur Musik tanzen und das Spiel von Licht und Schatten beobachten. Da vermutlich weniger Lampen als Kinder vorhanden sind, muss eine Regelung zum Abwechseln gefunden werden. Je nach Anzahl der Taschenlampen und Größe der Gruppe kann während des Stücks oder auch jeweils nach einem kompletten Durchgang gewechselt werden.

Weitere Ideen zum Lied

Experimente mit Licht und Schatten

In kleinen Gruppen bekommen die Kinder Arbeitsaufträge zum Thema Licht und Schatten, die sie mit Hilfe von Alltagsmaterial und Taschenlampen erfüllen sollen, z. B.:

- *Erzeugt einen ganz langen Schatten*
- *Lasst den Schatten so weit wie möglich verschwinden*
- *Leuchtet mit der Taschenlampe so, dass euer Gesicht gruselig aussieht*
- *Macht einen Schatten, der aussieht wie ein Dreieck*
- *Probiert aus, wie weit der Strahl der Taschenlampe reicht*
- *Leuchtet durch verschiedene Dinge, die ihr im Gruppenraum findet, hindurch. Wie sehen die Farben aus?*

Eine Choreografie erfinden

Erfinden Sie gemeinsam eine Choreografie aus Licht und Schatten zur Musik. Dafür müssen Sie mit den Kindern festlegen, welche Lampen wann in welche Richtungen leuchten sollen und wo Schatten sein soll. Auch das Deckenlicht kann eingebaut werden. Anfangs kann es sinnvoll sein, dass Sie die Kinder durch Handzeichen dirigieren, später klappt es vielleicht auch ohne.

Schattenwerfer

Material

- Papprolle
- Frischhaltefolie
- Tonpapier
- Gummibänder
- Klebeband
- Taschenlampe, diese sollte vom Durchmesser in die Papprolle passen
- Klebstoff

So wird's gemacht

Die Kinder schneiden ein Motiv, z.B. einen Stern, aus Tonpapier aus und kleben ihn mittig auf ein etwa 10x10 cm großes Stück Frischhaltefolie. Sie stellen die Papprolle so über die ausgeschnittene Form, dass das Motiv ungefähr in der Mitte liegt und klappen die Folie hoch. Sie wird mit einigen Gummibändern befestigt. Am besten geht das zu zweit. Damit die Gummibänder mit der Folie nicht so leicht abrutschen können, befestigen die Kinder sie zusätzlich mit Klebeband am Rand der Papprolle. Mit der Taschenlampe leuchten sie dann von hinten in die Rolle hinein und staunen über die so entstehenden Schatten.

26

Einen selbst gemachten Stern

Text / Melodie: Kati Breuer

2. Einen selbst gemachten Stern möchte ich dir schenken.
Wenn du ihn ins Fenster hängst, sollst du an mich denken.
Hab ihn nur für dich gemacht, schau mal, sein Gefunkel
bringt dir in der Winternacht ein Glitzern in das Dunkel.

Material

- für jedes Kind einen aus Tonpapier ausgeschnittenen Stern
- Buntstifte
- Klebstoff
- Glitzer
- CD mit Weihnachtsmusik
- Material zum Verzierungen legen, z. B. Glasnuggets, Münzen, Holzscheiben, Kronkorken

Das Lied erarbeiten

Versammeln Sie die Kinder im Kreis und summen Sie die Melodie des Liedes. Gehen Sie währenddessen von einem Kind zum anderen und legen Sie jedem einen Stern in die Hand. Fragen Sie die Kinder anschließend, ob sie sich denken können, wovon das Lied wohl handelt, bestimmt kommen alle sofort darauf. Sprechen Sie dann einmal den Text und singen Sie danach beide Strophen vor. Die Kinder singen mit.

Laden Sie dann die Kinder dazu ein, den eigenen Stern, wie es im Text heißt, bunt zu bemalen und mit Glitzer zu verzieren. Während des Bastelns und vor allem danach können Sie das Lied noch mehrmals wiederholen, sodass Melodie und Text sich festigen.

Das Lied begleiten

Das Sternenlied eignet sich gut für eine Begleitung mit lang klingenden Instrumenten, wie z. B. Triangeln oder Klangschalen. Helfen Sie den Kindern durch deutliche Gesten dabei, jeweils einen einzelnen Ton immer auf den Taktanfang zu spielen. Die Aufnahme auf der CD kann dabei helfen, hier hört man besonders im Vorspiel, an welchen Stellen das Klavier die Melodie betont (es erklingt immer auf der 1 des Taktes).

Weitere Ideen zum Lied

Schneiden Sie einen sehr großen Stern aus Tonkarton aus und stellen Sie den Kindern Legematerial zum Verzieren zur Verfügung. Gut geeignet sind zum Beispiel Glasnuggets, Münzen, Holzscheiben, Kronkorken. In einer kleinen Gruppe oder einzeln legen die Kinder mit dem Material Muster auf die Form, während sie (Weihnachts-)Musik hören. Diese fast meditative Beschäftigung ist gerade in der manchmal hektischen Adventszeit erfahrungsgemäß sehr beliebt.

Das Lied aufführen

Verwenden Sie das Lied für eine kleine Aufführung am Adventsnachmittag. Die Kinder basteln im Vorfeld einen Stern und überreichen ihn singend ihren Eltern.

Soll das Lied mit Instrumenten begleitet werden, so teilen Sie die Gruppe in zwei Hälften. Die eine Hälfte singt und verschenkt ihre Sterne bei der ersten Strophe, während die andere auf den Instrumenten spielt, in der zweiten Strophe ist es dann umgekehrt.

Paillettenstern

Material

- Küchenrolle
- doppelseitiges Klebeband
- Pailletten
- Schere
- Klebstoff
- Faden zum Aufhängen

So wird's gemacht

Für den Stern schneiden die Kinder (ggf. mit Hilfe) vier gleich breite Streifen von der Küchenrolle ab. Je schmaler die Streifen sind, desto leichter lassen sie sich zusammenkleben, empfehlenswert ist eine Breite von etwa 0,5 cm. Von dem doppelseitigen Klebeband schneiden die Kinder kleine Stückchen ab. Sie werden zum Befestigen der Streifen aneinander gebraucht, ein Streifen nach dem anderen wird mittig auf den nächsten geklebt. Der fertige Stern wird mit Pailletten verziert und bekommt zum Schluss einen Aufhängefaden, den man einfach durch einen der Strahlen zieht und verknotet.

Pfeifenputzerstern

Material

- Pfeifenputzer
- Perlen, die auf den Pfeifenputzer passen
- Schere

So wird's gemacht

Die Kinder schneiden den Pfeifenputzer in vier gleich lange Stücke. Die beiden ersten werden verbunden, indem sie in der Mitte umeinander gebogen werden. Danach werden das dritte und schließlich das vierte Stück ebenso befestigt, sodass der Stern am Ende acht Strahlen hat. Zum Schluss schieben die Kinder je nach Wunsch auf alle oder nur einige Strahlen Perlen.

Tipp: Besonders festlich sehen die Sterne aus, wenn goldene oder silberne Pfeifenputzer verwendet werden.

27

Lasst uns froh und munter sein

Text / Melodie: überliefert aus dem Hunsrück

2. Dann stell ich den Teller auf,
Niklaus legt gewiss was drauf.
Lustig, lustig …

3. Wenn ich schlaf, dann träume ich:
Jetzt bringt Niklaus was für mich.
Lustig, lustig …

4. Wenn ich aufgestanden bin,
lauf ich schnell zum Teller hin.
Lustig, lustig …

5. Niklaus ist ein guter Mann,
den man nicht genug loben kann.
Lustig, lustig …

Material

- für jedes Kind zwei Walnüsse

Das Lied erarbeiten

Das Lied vom Nikolaus ist vermutlich vielen Kindern bekannt. Führen Sie es anhand eines kurzen Gesprächs über Geschenke, in das Teile des Textes einfließen, in Ihrer Gruppe ein. *Machen euch Geschenke fröhlich?* (Ja!) *Freut ihr euch über Geschenke?* (Ja!) *Kann man das vielleicht hören und sehen?* Singen Sie den Anfang des Liedes. *Wie sieht es aus, wenn ihr euch freut?* Singen Sie sehr deutlich lächelnd die beiden Zeilen noch einmal. *Und wie hört es sich an, wenn ihr euch freut?* Teilen Sie an jedes Kind zwei Walnüsse aus und setzen Sie das Lied fort. Schlagen Sie immer beim Refrain die Walnüsse rhythmisch aneinander.

Das Lied begleiten

Lieder mit einem deutlich erkennbaren Refrain eignen sich schon für die Jüngsten besonders gut zum Begleiten mit Rhythmusinstrumenten. Verabreden Sie mit den Kinder, dass die Instrumente immer nur bei „Lustig, lustig …" gespielt werden dürfen und während der Strophen schweigen. Im Refrain spielt dann jeder so, wie er möchte. Ältere Kinder können eine etwas schwierigere Begleitung versuchen, indem sie den Refrain in jedem Takt mit drei Viertelnoten und einer darauf folgenden Pause begleiten und dazu (im Kopf) das Wort „Ni-ko-laus" sprechen. Um die Pause einzuhalten, hat es sich bewährt, an der entsprechenden Stelle einmal stumm in die Luft zu schlagen.

Weitere Ideen zum Lied

Aus dem Lied kann ein einfacher Kreistanz werden.

Lied	**Aktion**
Lasst uns froh und munter sein	an den Händen gefasst im Uhrzeigersinn gehen
und uns recht von Herzen freun!	gegen den Uhrzeigersinn gehen
Lustig, lustig, tralalala, bald ist Niklausabend da, bald ist Niklausabend da.	stehen bleiben, Handfassung lösen und klatschen
Dann stell ich den Teller auf,	an den Händen gefasst in die Mitte gehen, pantomimisch einen Teller auf den Boden stellen
Niklaus legt gewiss was drauf.	anfassen und rückwärts nach außen gehen
Lustig, lustig, tralalala …	stehen bleiben und klatschen
Wenn ich schlaf, dann träume ich:	angefasst im Uhrzeigersinn gehen, dabei den Kopf „schlafend" auf eine Schulter legen
Jetzt bringt Niklaus was für mich.	gegen den Uhrzeigersinn gehen, dabei den Kopf auf die andere Schulter legen
Lustig, lustig, tralalala …	wie oben
Wenn ich aufgestanden bin,	ohne Handfassung im Uhrzeigersinn gehen und die Arme recken
lauf ich schnell zum Teller hin.	gegen den Uhrzeigersinn laufen
Lustig, lustig, tralalala …	wie oben
Niklaus ist ein guter Mann,	an den Händen gefasst im Uhrzeigersinn gehen
den man nicht genug loben kann.	gegen den Uhrzeigersinn gehen
Lustig, lustig, tralalala …	wie oben

Pappteller-Nikolaus

Material

- Pappteller
- Schulmalfarben
- weißes Papier
- Tonpapier in rot
- goldenes oder gelbes Papier
- Schere
- Klebstoff

So wird's gemacht

Die Kinder bemalen den Pappteller mit einem freundlichen Gesicht. Die Nikolausmütze wird aus rotem Tonpapier geschnitten und am Pappteller festgeklebt. Ob sie eher spitz aussieht wie die „echte" Nikolaus-Mitra – der Bischofshut – oder ob sie runder ist wie bei der Mütze des Weihnachtsmanns, hängt davon ab, was in Ihrer Gegend Brauch ist: In vielen Regionen vermischen sich das Bild von Nikolaus und Weihnachtsmann, sodass die Kinder keinen Unterschied kennen, in anderen wird gerade auf die Unterschiede viel Wert gelegt.

Je nach regionalem Brauch wird die Mütze mit einem weißen Pelzrand aus Papier beklebt oder erhält Abschlussstreifen in Gold und ein goldenes Kreuz.

Für den Nikolaus-Bart schneiden die Kinder ein weißes DIN-A4-Blatt, das quer vor ihnen liegt, in etwa 2 cm breite Streifen und ziehen diese vorsichtig so über eine Tischkante, dass sie sich einrollen. Jeder Streifen wird am unteren Rand des Papptellers festgeklebt.

Genähter Nikolausstiefel

Material

- roter Filz
- große Nähnadel mit passendem (weißen) Faden
- Watte
- Aufkleber
- Schere
- Klebstoff

So wird's gemacht

Aus Filz schneiden die Kinder zwei Nikolausstiefel zu. Das Material ist etwas schwieriger zu schneiden als Papier, es kann daher sinnvoll sein, dass Sie die Formen zuschneiden und die Kinder nur das Nähen selbst übernehmen.

Die beiden Stiefel werden aufeinandergelegt und mit großen Stichen am Rand entlang zusammengenäht. An einer Stelle lassen die Kinder zunächst eine Öffnung frei, durch die sie etwas Watte einfüllen. Hierdurch wird der Stiefel plastisch. Sobald die Naht komplett verschlossen ist, kann der Rand mit etwas Watte verziert und der Stiefel mit Aufklebern verschönert werden.

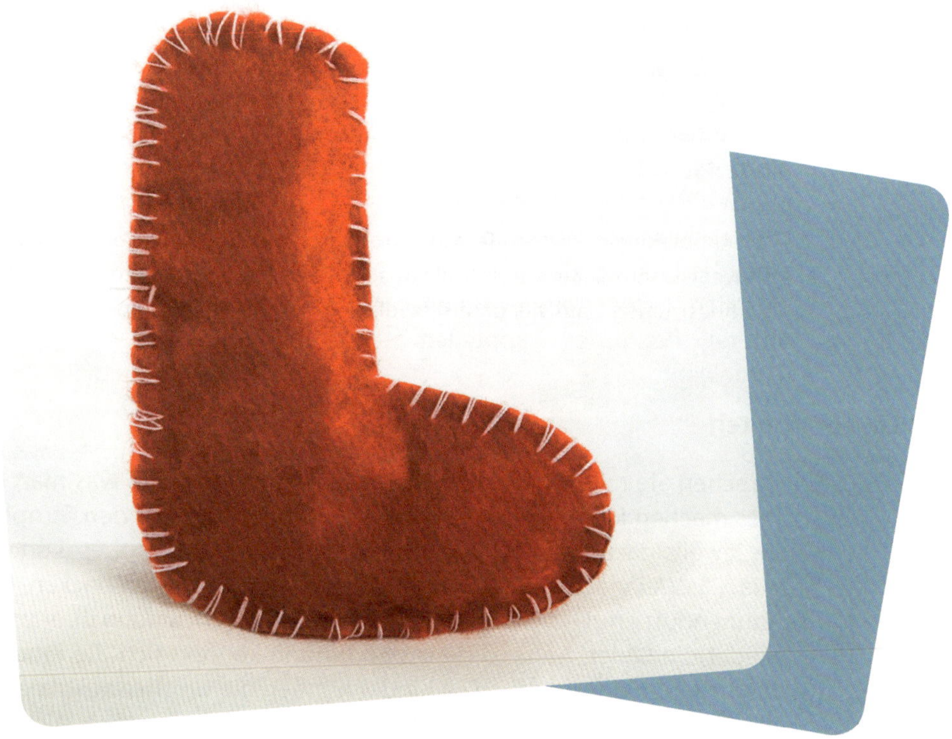

28

Seht das erste Licht

Text / Melodie: Tobias von Stuckrad

2. Seht das zweite Licht, das von Weihnacht spricht,
Weihnachtslieder klingen wieder wie in jedem Jahr.
Weihnachtslieder klingen wieder, singt Halleluja.

3. Seht das dritte Licht, das von Weihnacht spricht,
Plätzchen backen, Nüsse knacken, so viel Leckerei'n.
Plätzchen backen, Nüsse knacken, Tee und Kerzenschein.

4. Seht das vierte Licht, das von Weihnacht spricht.
Tannenduft erfüllt die Luft und draußen ist es kalt.
Tannenduft erfüllt die Luft, denn Weihnachten kommt bald.

Material

- vier Abbildungen, die den Text der Strophen symbolisieren, s. Vorlagen auf der CD
- Adventskranz mit Kerzen (evtl. elektrische Teelichter verwenden)
- Orff-Instrumente aus vier unterschiedlichen Instrumentengruppen

Das Lied erarbeiten

PDF

Sprechen Sie mit den Kindern über die Adventszeit und was man in diesen Wochen alles machen kann. Zeigen Sie die vier Abbildungen zu den Strophen und sprechen Sie jeweils dazu die entsprechende Stelle aus der Strophe: „kündet uns vom Nikolaus …", „Weihnachtslieder klingen wieder …", „Plätzchen backen, Nüsse knacken …", „Tannenduft erfüllt die Luft …" Gehen Sie dann zum Singen über und zeigen Sie dabei wieder die Bilder. Anhand der Abbildungen können sich die Kinder die Reihenfolge der Strophen gut merken. Die Kinder können die Umrisse ausmalen und die individuellen Bilder können in den folgenden Wochen als Raumdekoration dienen.

Zuerst hängt nur der Nikolaus an der Wand (1. Strophe, 1. Adventswoche), in der zweiten Woche kommt der Engel mit den Noten dazu usw. Natürlich singen Sie dementsprechend zunächst nur die erste Strophe, dann die ersten beiden und in der letzten Adventswoche sind es dann alle vier.

Tipp: Schön ist dies als tägliches Ritual im Morgenkreis. Singen Sie den Anfang „Seht das erste Licht" und zünden Sie dabei die erste Kerze an. Sie leuchtet, während Sie den Rest der Strophe singen. So verfahren Sie in den weiteren Strophen auch. Sollten in Ihrer Einrichtung echte Kerzen nicht erlaubt sein, verwenden Sie einfach elektrische Teelichter.

Mit der Stimme spielen

Spielen Sie in der Adventszeit in jedem Morgenkreis Weihnachtslieder-Raten. Dafür summen Sie die Melodie eines bekannten Weihnachtsliedes vor, das die Kinder erraten sollen. Wer das Lied erkannt hat, summt mit. Die Lösung darf erst verraten werden, wenn die Melodie zu Ende ist. Summen Sie ein weiteres Mal alle gemeinsam und singen Sie im Anschluss das Lied alle zusammen mit Text.

Sie können die Art des Melodievorstellens täglich variieren: Leise oder lauter summen, auf unterschiedlichen Buchstaben oder Silben singen (w, u, nü usw.). Besonders schwierig wird es bei den stimmlosen Konsonanten (t, f, k): Hier hört man fast nur den Rhythmus des Liedes, aber keine Melodie. Wer erkennt das Lied trotzdem?

Das Lied begleiten

Wählen Sie aus den vorhandenen Instrumenten vier unterschiedliche Gruppen aus, z. B. Glöckchen, Holzinstrumente, Rasseln und Trommeln. Jede Instrumentengruppe wird einer Strophe zugeordnet und nur in dieser eingesetzt: In der ersten Adventswoche singen Sie die erste Strophe und begleiten Sie mit Glöckchen, in der zweiten Woche hängen Sie die zweite Strophe an und spielen dazu auf Klanghölzern und Röhrentrommeln usw. Wenn das vierte Licht brennt, hat nach Möglichkeit auch jedes Kind vier Instrumente vor sich liegen, die es nacheinander spielt.

Das Lied aufführen

Ältere Kinder trauen sich vielleicht schon einen kleinen Solo-Gesang zu. Kurze Zeilen wie bei diesem Lied sind für solche ersten Versuche prima geeignet. Je nach den räumlichen Gegebenheiten singen die Solisten mit oder ohne Mikrofon ihre Solostellen. Das Lied wird wie folgt aufgeteilt:

Alle *erste Zeile*: Seht das erste Licht, das von Weihnacht spricht,
Einer *zweite Zeile:* kündet uns vom Nikolaus, der stapft von Haus zu Haus.
Alle *dritte Zeile:* Kündet uns vom Nikolaus, stellt eure Stiefel raus.

Wachsanhänger

Material

- flache Schälchen
- Plätzchenausstecher
- Weihnachtsbaumkerzen
- Streichhölzer
- dicke Stopfnadel
- Nähgarn

So wird's gemacht

Die Kinder füllen etwas Wasser in ein flaches Schälchen und platzieren einen Plätzchenausstecher darin. Sie zünden vorsichtig die Kerze an und tropfen das flüssige Wachs Tropfen für Tropfen in die Plätzchenform, bis es eine geschlossene Schicht darin bildet. Schön sehen auch Tropfen in unterschiedlichen Farben aus. Solange das Wachs noch nicht vollständig ausgehärtet ist, wird mit einer Nadel ein Loch hindurchgebohrt und ein Aufhängefaden befestigt. Zum Schluss muss die Wachsschicht sehr behutsam aus der Form gelöst werden, sie ist empfindlich und zerbricht leicht.

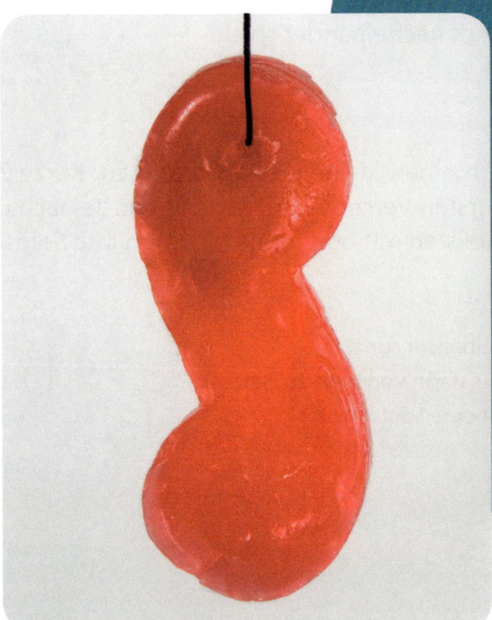

Kerzen-Fensterbild

Material

- Tonpapier
- Transparentpapier
- (spitze) Schere
- Stifte
- Klebstoff

So wird's gemacht

Aus Tonpapier schneiden die Kinder ein längliches Rechteck als Kerze aus. Dieses bekommt mit Hilfe der spitzen Schere ein „Fenster" eingeschnitten, das mit passend zugeschnittenem Transparentpapier hinterklebt wird. Für die Flamme wird entsprechend ein tropfenförmiges Stück Tonpapier benötigt, das mit gelbem Transparentpapier hinterklebt wird. Den schwarzen Docht nicht vergessen!

Tipp: Befestigen Sie die Kerzen (ohne Flammen) in Vierergruppen am Fenster und versehen Sie immer nur so viele mit einer papiernen Flamme, wie es der Adventswoche entspricht, in der Sie gerade sind.

29

Juchhe, juchhe, alles voll Schnee

Text / Melodie: Kati Breuer

Juchhe, juchhe …
2. Ganz weiß ist der Rasen,
ganz weiß sind die Straßen.
Wohin ich auch seh: alles voll Schnee!

Juchhe, juchhe …
3. Kommt raus, liebe Kinder!
So schön ist der Winter!
Wohin ich auch seh: alles voll Schnee!

Material

- weiße Wattebälle
- Lied auf der CD

So wird's gemacht

Das Schnee-Lied ist relativ schwierig, weil es im Kindern meist nicht so geläufigen Sechsachteltakt steht und mehrere längere Pausen enthält.

Diese werden am besten vorab einzeln eingeübt. Versammeln Sie dazu die Kinder sitzend im Kreis. Singen Sie die erste Strophe und lassen Sie dabei Watteschneeflocken aus einiger Höhe in die Mitte fallen. Gehen Sie, weiterhin singend, von Kind zu Kind und lassen Sie jedem eine Schneeflocke auf den Schoß „schneien". Besprechen Sie dann mit den Kindern, dass Sie gemeinsam die Schneeflocken tanzen lassen wollen: Wird gesungen, so bewegen die Kinder ihren Watteball im Takt, macht die Melodie eine Pause, halten sie die Watte still. Üben Sie dies zuerst, indem Sie den Text des Schneeliedes im Rhythmus sprechen und selbst sehr deutlich vormachen, wann sich die Hand mit der Schneeflocke bewegen muss und wann sie stillhält. Sobald die Kinder das Prinzip verstanden haben, spielen Sie das Lied von der CD ein und machen gemeinsam mit den Kindern die Bewegungen wie geübt dazu. Wer schafft es im Stehen oder Gehen genauso gut? Die Kinder haben das Lied jetzt schon so oft gehört, dass sie vielleicht selber beginnen mitzusingen, ansonsten kommt nun das Einüben des Textes hinzu. Schließlich lassen Sie die CD weg und singen das ganze Lied selbst.

Mit der Stimme spielen

Um die Melodie weiter zu festigen, singen die Kinder sie auf unterschiedlichen Vokalen und Silben, z. B. „ng" oder „no". Zeigen Sie weiterhin die Pausen sehr deutlich an, damit niemand hineinsingt.

Das Lied begleiten

Weil das Lied so anspruchsvoll ist, sollten Sie bei jüngeren Kindern auf eine Begleitung mit Instrumenten verzichten. Es ist schon eine große Leistung, wenn den Kindern die Pausen gelingen.

Ist Ihre Gruppe geübt im Musizieren, so können Sie versuchen, die Taktschwerpunkte zu begleiten – in Gedanken bis sechs zählen und nur auf der 1 und der 4 spielen oder vorab zum Lied hin und her schwingen und den Schwerpunkt empfinden.

Tipp: Als Hilfe können die Kinder in Gedanken das Wort „Schneeflocke" immer wieder sprechen, jeweils die erste Silbe („Schnee-") bekommt einen Schlag. Häufig ist das Sprechen von Wörtern einfacher als das Zählen.

Weitere Ideen zum Lied

Verwenden Sie ein Schwungtuch und viele Schneeflocken aus Watte oder zusammengeknülltem Papier, um es in Ihrer Gruppe schneien zu lassen. Alle gemeinsam bewegen das Schwungtuch während des Singens auf und ab, in den Pausen wird das Tuch stillgehalten. Befindet sich am Ende der Strophe noch Schnee auf dem Tuch oder ist schon alles heruntergefallen?

Wattestäbchen-Schneeflocken

Material

- stärkeres Papier in blau
- Wattestäbchen
- Schere
- Klebstoff

So wird's gemacht

Aus den Wattestäbchen legen die Kinder unterschiedliche Schneeflocken auf das blaue Papier. Um weitere Legemöglichkeiten zu haben, können sie einige Stäbchen in der Mitte knicken, sodass ein „Schnabel" entsteht, andere auch ganz durchschneiden. Wenn die Schneeflocken fertig sind, werden sie festgeklebt. Zeigen Sie den Kindern am besten, dass man gar nicht so viel Klebstoff benötigt, sondern dass es reicht, ihn nur an einigen Punkten aufzutragen. Am leichtesten geht es, wenn die Kinder die etwas dickeren Enden der Wattestäbchen festkleben, die Mitte aber frei von Klebstoff bleibt.

Zauber-Schneebild

Material

- Zeichenpapier
- weißer Wachsstift
- Wasserfarbe
- Pinsel

So wird's gemacht

Mit dem weißen Wachsstift malen die Kinder ein Schneebild auf das Papier. Das ist gar nicht so einfach, weil man den weißen Stift auf dem ebenfalls weißen Hintergrund kaum sieht. Der Zauber-Effekt kommt beim Übermalen des Ganzen mit Wasserfarbe: Überall, wo Wachs auf dem Papier ist, perlt das Wasser ab, diese Stellen bleiben also weiß.

30

O Tannenbaum

Text: Ernst Anschütz (1780–1861) / Melodie: überliefert

2. O Tannenbaum, o Tannenbaum, du kannst mir sehr gefallen.
Wie oft hat doch zur Weihnachtszeit ein Baum von dir mich hoch erfreut.
O Tannenbaum, o Tannenbaum, du kannst mir sehr gefallen.

3. O Tannenbaum, o Tannenbaum, dein Kleid kann mich was lehren:
Die Hoffnung und Beständigkeit gibt Trost und Kraft zu jeder Zeit.
O Tannenbaum, o Tannenbaum, dein Kleid will mich was lehren.

Material

- Rhythmusinstrumente

Das Lied erarbeiten

Lesen Sie den Kindern zur Einstimmung ein kleines Gedicht vor:

Ein kleiner schiefer Tannenbaum
erschien mir einst in einem Traum.
„O Tannenbaum, o Tannenbaum,
ich stell dich in den Weihnachtsraum.
Ich schmück' dich bunt, dann bist du schön
und jeder kann dich strahlen sehn!"
Ich nahm die tollsten Sachen her:
die Puppe und die Feuerwehr
und Messer, Gabel, Schere, Licht,
das T-Shirt mit dem Mondgesicht,
die Flöte und die neue Trommel,
die Pudelmütze mit dem Bommel,

den Zuckerstern von Tante Ruth,
der stand dem Baum besonders gut.
So schmückte ich den Tannenbaum
und war begeistert wie im Traum.

Führen Sie mit den Kindern ein Gespräch über Weihnachtsbäume und wie sie in den Familie geschmückt werden. Fragen Sie die Kinder dann, ob sie ein Lied über einen Tannenbaum kennen, in den allermeisten Fällen ist das der Fall, sodass Sie „O Tannenbaum" ohne weiter Einführung gemeinsam singen können.

Das Lied begleiten

Dieses Lied ist nicht ganz einfach zu begleiten. Es hat sich bewährt, dass die Kinder mit nicht zu lauten Rhythmusinstrumenten jeweils die erste und letzte Zeile untermalen, die Instrumente dazwischen jedoch stillgehalten werden.

Weitere Ideen zum Lied

Spielen Sie mit den Kindern ein Tannenbaum-Handgestenspiel, das mit Glöckchen untermalt werden kann:

Text	**Aktion**
Hier steht ein großer Tannenbaum mit bunten Lichtern dran.	die Handfläche mit Fingern nach oben zeigen
Da kommt, trapp, trapp, der Weihnachtsmann	mit der anderen Hand über den Oberschenkel laufen
und steckt ein Lichtlein an.	mit dem Zeigefinger der freien Hand einen Finger berühren
Das Glöcklein tönt ganz leis und sacht,	pantomimisch mit der Hand eine Glocke läuten oder ein echtes Glöckchen spielen
ruft alle, groß und klein.	groß und klein mit den Händen andeuten
Die Weihnachtstür wird aufgemacht:	beide Arme weit zur Seite öffnen
„Ihr Kinder, kommt herein!"	lockende Geste mit den Händen machen

Text: überliefert

Tannenbaum-Fensterbild

Material

- Tonpapier in grün und braun
- selbstklebende Folie
- Pailletten
- Federn
- Glitter
- Klebstoff

So wird's gemacht

Diese Arbeit erfordert etwas Vorbereitung. Schneiden Sie für jeden Tannenbaum ein spitzwinkliges Dreieck aus grünem Tonpapier aus. Ein zweites, etwas kleineres Dreieck verwenden Sie als Schablone, um das Innere des ersten Dreiecks herauszuschneiden: Es entsteht ein dreieckiger Rahmen. Dieser wird so mit selbstklebender Folie beklebt, dass die Kinder in den Rahmen Glitzer, Pailletten, Federn usw. auflegen können, die an der Klebefolie haften bleiben. Durch die starke Klebekraft ist es in der Regel unmöglich, ein einmal aufgelegtes Teil noch zu korrigieren. Ist das Dreieck fertig verziert, kleben Sie ein gleichgroßes Stück Folie darauf, das alles fixiert. Zum Schluss bekommt der Tannenbaum einen Stamm aus Tonpapier angeklebt.

Pfeifenputzer-Tannenbaum

Material

- Weinkorken
- grüner Pfeifenputzer
- bunte Wattekugeln oder Holzperlen
- Pailletten
- Klebstoff

So wird's gemacht

Die Kinder biegen aus dem Pfeifenputzer eine Schnecke. Anschließend ziehen sie diese so nach oben auseinander, dass sich die Form eines Tannenbaums ergibt. Am unteren Ende soll ein Kreis stehen bleiben, der etwas größer ist als der Durchmesser des Korkens. Das ist vielleicht ein bisschen schwierig und muss evtl. von vorn begonnen werden, wenn es nicht gleich beim ersten Mal klappt. Der untere Pfeifenputzer-Kreis wird am Weinkorken festgeklebt. Zum Schluss wird der Weihnachtsbaum mit bunten Kugeln und / oder Pailletten verziert.

Alphabetisches Verzeichnis der Lieder und Musikstücke

Alphabetisches Verzeichnis der Bastelideen

(PDF) Für diese Bastelei gibt es eine Schablone oder Schritt-fürSchritt-Anleitung im PDF-Teil der CD.

CD-Verzeichnis

Angaben zu den einzelnen Titeln

Titel 1:
Felicitas Trilling-Geppert (Gesang), Matthias Graumann (Gitarre),
Adrian und Renate Fischer (Percussion)

Titel 2, 3, 11, 15, 21, 22, 26, 29:
Kati Breuer (Arrangements, Klavier, Keyboard, Gesang)
Lars Thölken (Gitarre, Percussion, Gesang)
Bennet Breuer, Tessa Breuer (Gesang)

Titel 5, 7, 16:
Paula Affeld, Bettina Ohligschläger, Sophie Rückemesser, Friedrich Neumann (Gesang), Friedrich Neumann (Gitarre, Mandoline, Piano, Kontrabass), Bettina Ohigschläger (Flöte)

Titel 8:
Klosterspatzen St. Ursula, Villingen, Leitung: Erkentrud Seitz

Titel 13:
Franziska Forster (Gesang), Thomas Lotz (Keyboards, Gitarren, Arrangement)

Titel 14:
„Die Ameisenkinder", Weimar, Leitung: M. Rößler

Titel 17, 18:
Kinderchor des Goethe-Gymnasiums, Gera, Leitung: Antje Trinks

Titel 19:
Susanne Peter (Gesang und Instrumente)

Titel 23:
Franziska Forster (Gesang)

Titel 24:
Franziska Forster (Gesang), Thomas Lotz (Keyboards, Gitarren, Arrangement)

Titel 27, 28, 30:
Chor der Schule Lensahl-Mellingstedt (Gesang, Titel 27), Catriona Butchart, Laurie Butchart (Gesang, Titel 28, 30), Tobias von Stuckrad (Gitarren, Keyboards, Cello, Arrangement)

Mix und Mastering: Jasper Diederich